福島の小さなガス会社がやっていた

STANFORD UNIVERSITY
EMPLOYEE EDUCATION

世界最先端の社員教育

株式会社アポロガス会長
篠 木 雄 司
Yuji Shinogi

あさ出版

はじめに

私は現在、福島市内を中心にＬＰガスや灯油、重油などを提供するアポロガスの会長を務めています。

わが社はグループ全体を含めても社員数70人という地方の小さな会社なのですが、ここ数年、全国各地のさまざまな企業から見学の依頼をいただいています。これには私自身も驚いているのですが、みなさんが何を見学してくださるのかというと、弊社が２０１１年から取り組んでいる新入社員向けの新人研修についてです。

そして、今回、それをテーマに、この本を書かせていただくことになりました。

たしかに、弊社が実施している新人研修は、一風変わっています。

いわゆる「業務研修」はほとんどありません。新入社員には週に1回、地元のＦＭ局でラジオＤＪを担当してもらったり、会社主催のイベント等でスタッフとして働いてもらったり、地元の大学や小学校、幼稚園等での講師役を務めてもらったりなど、とにかくいろいろな経験・体験をしてもらっています。

なぜ、こうした研修内容にしているのかというと、若い彼らに **「自分で考え、行動する」** という習慣を徹底的に身につけていってほしいからです。

世界はいままさに「ＡＩ時代」に突入しつつあります。ＡＩによってビジネスの世界も、いま以上に変化が激しくなっていくことが予想されます。

その中にあって、いかに会社を存続させ、雇用を守っていくか。そのことについて、最善の答えを模索し、頭を悩ませている経営者は少なくないと思います。もちろん私もそのうちの一人です。

そして、その答えのひとつとして私の頭に浮かんだのが、「ならば、**『変化対応能力のある人』** をつくっていけばいいのではないか」でした。

そのための方法をあれこれ試行錯誤しているうちに、いまの研修内容になっていった、というわけです。

そして、面白いことに、弊社のこの新人研修は、大学のキャリア教育の専門家いわく、「アメリカのキャリア理論の大家、ジョン・D・クランボルツ博士の提唱した**『計画的偶発性理論』**（88ページ参照）を、ナチュラルに実践している」のだとか。

そこで今回、おこがましくも「世界最先端」のタイトルをつけさせていただきましたが、実際のところはそんなスマートなものではなく、社員からはときどき「社長のムチャぶり」とからかわれるくらい人間くさかったりします（このあたりは、本書を読んでいただくとかなり納得されると思います）。

ただ、試行錯誤しながらの、まさに人間くさい「手づくり」の研修ではありますが、少しずつですが、社員たちの間に、「自分で考え、行動する」という習慣が身についてきているという手ごたえも感じています。

「人づくり」は、多くの経営者にとって、頭を悩ませる課題のひとつだと思います。

それどころか、これまで以上に変化の激しい時代を迎え、かつ少子化による人材不足が深刻化する中、従来通りの「人づくり」ではなかなか対応しきれない局面も多くなってきています。**新しい時代に対応した新しい人づくり**が、いままさに求められ、それに悩む経営者や人事担当者の方も多いことでしょう。

まだまだ発展途上の弊社の新人研修ですが、その内容のどれかひとつでも、みなさんが取り組む「人づくり」のヒントになればと思い、この本を書くことにしました。

組織をつくっているのはやはり「人」です。人が育っていくことで、組織も育っていくことができます。「人材」とはまさに「人財」なのだと思います。

組織にとって、まさに「財産」である「人づくり」に、この本が少しでもお役に立てれば幸甚です。

アポロガス会長　篠木雄司

第1章 100年続く「元気な組織」をつくる

第2章 150の研修が目指していること

第3章 すべてを学びに変えるための、環境づくり

第4章

「人づくり」の難しさを乗り越えるために

第5章
すべては「恩返しのエネルギー」から始まった

編集協力　前嶋裕紀子

23	嫌な思いをする研修	無料	福島市の環境課からの依頼でキャンドルイベントを一緒にやることに。ところがその際の会場となる土地（福島駅近くの市の土地）の使用と、他の課の担当者から断られた。その場でのやりとりに同行した新入社員が嫌な思いをしたことにより、研修化
24	アポロまんじゅう計画：柏屋さん饅頭の食べ合わせ企画&インスタグラム研修	無料	
25	小学生ラジオ番組コラボ研修	無料	ラジオの放送枠内で、小学生に登場してもらう
26	JAL 国際線ファーストクラスの元 CA によるマナー研修	7万円	電話応対（下の２７）マナーの研修。該当する社員はすべて参加
27	電話応対研修	7万円	同上
28	スイス音楽コンサートボランティア研修	無料	ボランティアとして参加
29	2日間 iPhone で動くプログラムの作成研修	5万円	牛の笑顔カウンター等を作成
30	講演会で会社のプレゼン研修	無料	
31	弁護士さんの話を聞く研修	無料	顧問弁護士さんの話を聞く、という内容
32	司法修習生と新入社員の意見交換研修	無料	上記の弁護士さんつながり。弁護士事務所に来ていた司法修習生（司法試験を合格して研修中の人）と意見交換を行った
33	『人生の生き方の実験』実演研修	無料	「人生の生き方の実験」を新入社員に実演してもらう
34	プロカメラマン＆プロメーク＆ヘアーさんによるモデル研修	カメラマンさん&メイクさんの交通費と宿泊費で10万円	アカリトライブでいつもご一緒していただいているカメラマさんとメイクさんが、ボランティアでしてくださった
35	横断歩道事件研修	無料	本文参照
36	ニューヨークタイムズスクエアで平和を願い、365日間夜中に通行人の笑顔写真を撮っていた人の話を聞く研修	無料	34のカメラマンさんのこと。その方からお話を伺った
37	廃校の観光資源化可能性を考える研修	無料	モデル研修（３４）で撮影のロケでいった廃校について考えた
38	マンガで人生の価値を考える研修	3万円	知り合いの漫画家の方からお話を伺う

アポロガス新入社員研修一覧（2017年度）

	研修名	費用	備考
1	着ぐるみ研修	着ぐるみ代6万円	秋の「せっかくどうも祭り」で着ぐるみを着て、来場されたお客さまをもてなす
2	ラジオDJ研修	5万円／1カ月	内容は本文参照　1回当たり、12,500円
3	アナウンス研修	無料	テレビ局のプロのアナウンサーから指導を受ける（お礼に菓子折り）
4	ドローン操縦＆撮影研修	無料	ドローンは購入済のため
5	3.11 キャンドルイベント研修	無料	主催側ではなく、参加する側のため
6	養護学校クリスマス・トナカイ研修	プレゼント代5万円	毎年行っている、クリスマスの時期に、地元の養護学校を訪問する活動。着ぐるみは購入済
7	1日警察官体験研修	無料	ミニコミ誌の取材として伺い、体験させてもらう
8	チアリーダー研修	2万円	元チアリーダーの方をお招きして、お話していただく
9	地域のロールモデルを考える研修	無料	チアリーダー研修の中で実施
10	ニュースリリース作成研修	無料	
11	マスコミ投げ込み研修	無料	
12	TVCM撮影研修	50万円	ただし、宣伝費として処理（宣伝のために毎年制作している）
13	ラジオCM制作研修	10万円	同上
14	VRカメラ撮影研修	無料	ネットで勉強してもらったため
15	VR ゴーグル 360 度コンテツ作成研修	VRソフト代1万円	作成ソフト購入
16	合同説明会プレゼン研修	無料	
17	ラジオバトル選手権企画運営研修	20万円	企画運営費と放送枠の費用として
18	SNS情報発信研修	無料	社内で実施したため
19	狭いところで早食研修	ハンバーガー代1,980円	ドライブスルーで買ったハンバーガーを車中で食べる研修
20	ふくしまアカリトライブ＆キャンドル研修	20万円	協賛金として
21	クリスマスキャンドル教室研修	無料	保育園でクリスマスキャンドル教室を開き、それを手伝う
22	アポロしあわせ基金ボランティア研修	無料	

53	社長の時間管理をする研修	無料	社長の予定を確認せずに研修の予定を入れたので、「社長の予定が決まっているのに、そこんとこ言わなきゃダメだべ」と教える。目配り、気配り、心配りを意識させる研修
54	OJT 事前準備研修	無料	OJT の準備を 4 人で行うという研修
55	映画を作る研修	参加費 3 万円	地元で行われていた「3 日間で映画を作る」という研修に参加するという研修
56	安田のうっかり研修	無料	新入社員の安田君がしたうっかりミスを、ほかの新入社員全員でフォローするという研修
57	社長にゴミを渡す研修	無料	イベントで、新入社員が、必要なものとゴミとを一緒くたにして社長に渡す。そこで、「社長にゴミを渡してどうするんだ！ゴミを取り除いてから渡しなさい」と指導
58	運命の人はいる研修	無料	新入社員たちが、「運命の人」についての体験を発表する研修
59	ルールよりも大切なの研修	無料	秋保温泉での合宿研修での出来事について、新入社員が話し合う研修
60	むちゃぶりと思うな、人生だと思え研修	無料	社長が、「社長の無茶振りを無茶振りだと思うな。人生だと思え」という話をした研修
61	ココロの 5 段階研修	3 万円	講師の方に来ていただいて、「心の 5 段階」のあり方を教えてもらう
62	チラシを持って行かなかった研修	無料	新人の集合研修の際に、ラジオ DJ の出演依頼などに使うチラシを持って行き忘れた。それをテーマに話し合ってもらう研修
63	名刺の端を切る研修	無料	社長が「なぜ名刺を端を切るのか」について話をした研修
64	名刺は 30 人と交換する研修	無料	社長が、「イベント等にボランティアで参加したときには、少なくとも 30 人と名刺交換しなさい」という話をした研修
65	アポロガスの商品とは研修	無料	「アポロガスの商品とは何か」を考えてもらう研修
66	会社案内を持ち歩く研修	無料	社長が「いつお客さまを勧誘できる機会に遭遇するかわからないので、つねに会社案内を持ち歩こうね」という話をした研修

39	牛の笑顔カウンターで人間親和行動と会社内の雰囲気を考える研修	無料	新入社員の卒論をテーマに語り合う
40	オーケストラコンサートを聴く研修	無料	無料コンサート
41	レクサスでとろけるショコラを食べる研修	無料	社長の自家用車がレクサス。その販売店に伺い、そこで出してもらったショコラを味わう（高級車レクサスを扱う販売店さんの「おもてなし」を体験してもらう研修）
42	人口減少について考える研修	無料	課題の論文について考えてもらう
43	良い新入社員をあつめるためにどうするか考える研修	無料	大学生向けの合同会社説明会に行った帰りに話し合った
44	権利を主張する前に義務を果たすを考える研修	無料	課長に叱られたことをテーマに、話し合ってもらう
45	福島民報新聞の常務さんから見たアポロガス：震災後の福島を想う社会貢献活動話聞く研修	無料	常務さんのところに伺った折に、新入社員を紹介し、お話を伺う
46	入社式で感動の涙を流す研修	無料	入社式でサプライズで用意した両親からの手紙を社長が読んで新入社員を泣かせる研修
47	アジャイル開発を考える研修	無料	講師の方にお願いした（２９に付随したもの）
48	お迎え現象を考える研修	無料	上記の講師の方が、終末医療のソフトをつくっており、顧客の方が伺った「お迎え現象」について教えてもらう
49	マクドナルドで相手の気持ちを考える研修	ハンバーガー代1,890円	ハンバーガーを買うのに、社長も並ぶ。「社会人の常識では、目上の人の分は「自分たちが買ってきます」となるよ」と伝える
50	金田さんと打ち合わせ研修	無料	リンナイの金田さんとの打ち合わせに、新入社員も同席してもらう
51	福島のトップにいい会社に入ったねと言われる研修	無料	合同入社式で、市長や商工会議所会頭、福島の名士たちに挨拶をし、その際、「いい会社に入ったね」と言ってもらう
52	社長秘書として社長の字を解読する研修	無料	社長の字が達筆すぎて、本人も何を書いたかわからなくなるので、それを読み解く研修

80	もう行きたくないけど行ってよかった研修（秋保温泉 3 泊 4 日、温泉に入る研修）	40 万円（10 万円×4 人）	秋保温泉でのサバイバル合宿のこと
81	あんこをなめて、即社長に返信する研修	無料	秋保温泉の最終日に名物のぼた餅を持って社長が激励。社員たちからすぐにお礼のメール。社長はあまりのスピーディな反応に、本当は食べていないと思い、「食わねぇで、嘘こくな！」と指摘したところ、実際には味見をしてからメールをよこしていた
82	書類研修	無料	
83	社長のカバンを持たないカバン持ち研修	無料	「社長の鞄持ち」だと外回りに連れて行ったところ、社長に鞄を持たせたまま、かつそのことに気づいていなかったことをネタに研修。目配り、気配り、心配りの研修
84	コーヒを入れるんですか研修	無料	コーヒーを入れなくてはならないシチュエーションで、それをしなかった新入社員に社長が「こういう時に入れなきゃダメだべ！」と叱責。すると「え⁉　コーヒー入れるんですか⁉」という反応。そこで、目配り、気配り、心配りについての話をする
85	石澤さんがツボにハマる研修	無料	新入社員の石澤さんが笑いのツボにハマってしまい、笑いが止まらなくなったことについて、みんなで語り合う
86	全体会議でプレゼン研修	無料	会社の全体会議の席上で、新入社員研修の成果をプレゼンする
87	カシオレを渡す研修	無料	カフェオレを渡すときに、新入社員の石澤さんが「カシオレ」と言ってしまう。その絡みでの研修
88	サビ抜き研修	無料	新入社員と回転寿しへ。1 人がサビ抜きでないとダメだった。そのとき、「そうしたことは、事前に連絡をするなどの、目配り、気配り、心配りが必要だ」という話をした

67	しあわせってなんだろう……研修	無料	「幸せって何だろう」について、社長の考えを聞く研修
68	初任給レポート研修	無料	初任給で、ご家族に感謝の気持ちを示し、それをレポートにまとめる研修
69	さいえね説明会研修	無料	福島にある「さいえねパーク」について第三者に説明できるようになるための研修
70	ドローン研修	無料	社内にあるドローンを使って、その操縦術を学ぶ研修
71	研修の心得を作る研修	無料	研修を受ける際の心得を新入社員に考えてもらう研修
72	金魚すくい研修	無料	お祭りで金魚すくいのブースを担当する
73	花を見ない花見研修	無料	新入社員の歓迎会を、花見の場所で行ったが、すでに桜は散っていたため
74	原稿 TAKE OUT 研修	無料	ラジオ DJ 研修の一環。生放送中に原稿を社長が取り上げる。ガスの仕事は緊急事態がいつ起こるかわからない。そうした緊急事態が起きた時にでも対応できるようになるための研修
75	幸運の女神には前髪しかない研修	無料	内定式での社長のスピーチ。「幸福の女神には前髪しかない。気が付いてつかまえようとしても、後ろ髪がないので、つかまえられない」
76	木見立をなくさない研修	無料	内定式で、名刺入れと「木見立」のカードを渡すが、名刺入れは失くさないのに、木見立は失くす人がいる。なので、気を付けてね、という研修
77	小学生ラジオ企画研修	2万円（放送枠の費用	小学生にラジオ番組をつくってもらい、それをラジオ局の人にジャッジしてもらうというイベントを企画・運営する研修
78	日本でいちばん大切にしたい会社大賞表彰式・移動入社式研修	無料	日本でいちばん大切にしたい会社大賞の表彰式の壇上で新入社員の「移動入社式」をやる。会場の 700 人以上の方々からおめでとうの言葉をいただく
79	合同入社式の目的を考える研修	無料	「合同入社式」は何のためにいくのかを考える研修（本文参照）

101	研修を 100 個にする研修	無料	研修の数を 100 にすべく、「後付けもありだから、『これは学びがあった』というものを振り返り、研修化しよう」と新入社員たちに考えさせた研修。時間は 1 時間くらい。出されたものをリスト化
102	五阿弥社長の話を聞く研修	無料	福島民友新聞の社長さんに、新入社員を連れてご挨拶をさせていただいた際、お話をうかがった。社長が「本物」と思う人に会う、という研修の 1 つ
103	AI シンギュラリティ時代を学ぶ研修	無料	AI シンギュラリティについての話を、詳しい方から伺う研修
104	マザーダック今野さんの話を聞く研修	無料	社長の後輩で、仙台と福島で北欧雑貨のお店を夫婦で営む今野さんに会いにいき、そこでお話を伺う研修
105	和菓子職人さんに嫌がられながらも励まされる研修	無料	饅頭プロジェクトで柏屋さんに打ち合わせに伺った際、学生の軽いのりで行き、ヒアリングをさせていただいた菓子職人の方から、「おめぇら、何しに来たんだ」というオーラをひしひし感じた。それにより、新入社員たちは「本気で取り組まないといけない」という気持ちになった研修
106	フランス料理のシェフと出会う研修	25,000 円（5,000 円 ×5 人）	饅頭プロジェクトで柏屋さんに打ち合わせした帰りに寄ったフランス料理屋さん。社長と社員との間で、柏屋さんの薄皮饅頭の新しい食べ方についていろいろ議論。それを聞いたシェフが話しかけてきてくださり、その際、「試食会に向けて、柏屋さんの薄皮饅頭と、フォアグラとトリュフを組み合わせたものをつくっていただけませんか？」とお願いし、快諾してもらう
107	計画的偶発性理論を学ぶ研修	無料	社長への講演依頼で来社されたキャリア教育の専門家ともう一人の方に、「計画的偶発性理論」について話していただく
108	リクルートとアポロガスの人材育成を学ぶ研修	無料	上記の流れで、同席された方がリクルート出身だったので、リクルートが行っている「人づくり」について伺った

89	ラジオの強みとは？研修	無料	新入社員に「ラジオの強み」をそれぞれ考えてもらい、発表させ、議論する研修。そこで気が付いた「ラジオの強み」を、今後の放送でどう活かしていくかについても考えてもらう
90	外部研修は一番前に座る研修	無料	外部研修に参加した際は、一番前の席に座るのが、アポロガスのルールだという話をした。理由は、「寝ないため」
91	動けば風が起きる研修	無料	「人が何らかの行動に出れば、それが目立つ行動であればあるほど、必ず反発だったり、文句だったりが出てくる。それは覚悟する必要がある」という話をした
92	1 年後の新入社員に贈る言葉研修	無料	リアルなメッセージを次の新入社員に贈れるように、新入社員である今のうちに、それを考えておきましょう、という研修
93	3.11 の思いを語る研修	無料	自分が 3.11 に体験したことを、ラジオの生放送で話すという研修（この時点では入社前）
94	お金は使わず、繋がりを大切にする研修	無料	お金を使わず、自分の人間関係で、ラジオに出演してくれる人を探す、という研修
95	勧誘されてし返す研修	無料	新入社員が銀行員から VISA の勧誘を受ける。そこで、バーターとして、「ラジオに出てください」とお願いし、「勧誘し返した」という研修
96	社長に報告をする研修	無料	外部研修を受けたら、帰社後、すぐに社長に報告をするのがアポロガスのルール。それをずっとし忘れた新入社員に、「これがうちのルールだよ」と伝えた研修
97	ホンモノの条件とは研修	無料	「本物の条件とは何だろう」をみんなで考える研修
98	笑いを取る自己紹介研修	無料	どうすれば記憶に残る自己紹介ができるのかを、新入社員に考えてもらう研修
99	キャンドルマイスター研修	4 万円	「キャンドルマイスター」の資格取得のため、3～4 日間の研修を受ける（終日）
100	社長の応援団研修	無料	秋保温泉でのサバイバル合宿で、最終日に社長が行き、応援エールを送るというもの

123	金箔などの繊細なものを扱う研修	金箔代 5,000 円	饅頭プロジェクト関連。薄皮饅頭に金箔を貼る作業をしたところ、これがかなり大変だった、という話
124	水素ステーションを見る研修	無料	他の会社さんの水素ステーションを見学
125	再生可能エネルギーについて学ぶ研修	無料	上記の見学の際、再生可能エネルギーについても学ぶ
126	JR 東日本テクノハートさんのおもてなしを学ぶ研修	無料	アポロアワード関連。その表彰企業となった「ＪＲ東日本テクノハート」さんが実践する「おもてなし」について調べ、そこから学ぶ、という研修
127	アメリカで人気のスーパーエコバックを知る研修	エコバック代 2,000 円	社長がニューヨークに出張に行った際に、女性社員全員へのお土産として、いま NY で人気の「トレーダージョーズ」というスーパーのエコバックを購入。そのエコバックについて知ってもらう研修
128	表彰エントリー研修	無料	新入社員が、アポロガスを、さまざまな表彰制度にエントリーするというもの。入社して半年経ったときに、自分の会社がどういう会社で、何をやっている会社なのかなどを知り、かつ第三者にわかりやすく伝えるためのスキルを身につけてもらう研修
129	戦艦大和を見る研修	無料	121 と 122 と同じ流れ
130	計画的偶発性理論について学ぶ研修	無料	
131	福島大学インターシップでプレゼンする研修	無料	インターシップで福島大の学生さんが 30～40 人バスで来社。新入社員に会社についてプレゼンをしてもらう、という研修
132	さいえねぱーくでミャンマー視察団応対研修	無料	
133	カスタマージャーニーマップワークショップ研修	無料	商工会議所主催のセミナー（無料のセミナー）
134	釜飯を食べる研修	4,320 円（4 人分）	軽井沢方面に社員旅行に行った際、帰り道で、峠の釜飯で有名な荻野屋さんの釜飯を、「自宅へのお土産」として、社員に持たせた
135	ミャンマーの方へ桃でおもてなしをする研修	桃代 5,000 円	

109	家で試作品を作る研修	２万円（材料費）	饅頭プロジェクトに関連して、自宅でそれぞれが試作品をつくる、という研修
110	崖っぷち研修	無料	社長が、「崖っ淵に追い込まれることが、うちの研修なんだ」という話をしたという研修
111	社長を問い詰める研修	無料	秋保温泉でのサバイバル合宿に関して、新入社員から「社長はこんなに大変だったのをわかっていて、私たちを出したんですか？」と社長が問い詰められる。それに対して「厳しいとわかっていて、あえて社員を出す。これが、社長の親心というものだ」という話をした
112	合同プレスリリースを作成する研修	無料	饅頭プロジェクトでのプレゼンテーション会を、マスコミ各社の前で行うため、その旨のプレスリリースを作成する研修
113	メディアうけするパワーポイント作成研修	無料	饅頭プロジェクトでのプレゼンテーションに使うパワーポイントデータについて、そのつくり方を先輩社員から教わる研修
114	社長にプレゼンする研修	無料	饅頭プロジェクトでのプレゼンテーション会の練習として、社長の前でプレゼンをする
115	キー局に取材依頼の手紙を書く研修	無料	饅頭プロジェクト関連
116	佐藤室長からプレゼンのアドバイスをもらう研修	無料	広告代理店出身の佐藤室長から、プレゼンのコツを教えてもらう研修
117	朝日新聞の記者に怒られる研修	無料	プレスリリースを受け取った朝日新聞の記者から電話を受けて、しどろもどろの回答で叱られるという研修
118	柏屋饅頭プロジェクト研修	無料	
119	上司を載せて運転する研修	無料	免許取り立ての新入社員が、上司を乗せて運転するときは緊張する、という話をした
120	広島の原爆ドーム平和について考える研修	無料	広島に出張に行った社員が自主的に行った研修（出張費は業務で計上）
121	戦争について学ぶ研修	無料	同上
122	専務の家の隣に爆弾が落ちた昔話を学ぶ研修	無料	戦争中、広島原爆の疑似爆弾が、専務の家の隣に落ちた昔話を学んだ

149	ギネス東京オフィスに招待される研修	無料	表彰エントリー研修（128）で研修の数でギネス記録を狙って相談したが、社長の思い付きが多いので、ボツになったが、アポロガスにはギネスと同じスピリッツを感じると、若手社員が招待された
150	中畑清さん、アントキノ猪木さんと共演する研修	50万円	千葉テレビの中畑清さんの番組にアポロガスの若手社員が出演する。若手社員が志願して闘魂注入される。ネット動画の広告宣伝費

136	ポップコーンやかき氷で子どもたちを喜ばせる研修	無料	ボランティアとして参加したイベントでのこと
137	流しそうめんでお客様を笑顔にする研修	無料	同上
138	バスツアーで段取りを考える研修	無料	お客さん向けのバスツアーがあり、その段取りを新入社員に考えてもらった
139	ダイバーシティについて学ぶ研修	無料	福島市の教育委員が主催する講演会で、新入社員に話をしてもらった
140	電話応対コンクールに向けた研修	7万円	26と27の研修の流れ
141	2,000枚のうちわを配る研修	無料	イベントでのこと。会社のPR用の名入れのうちわを2,000枚配る
142	プロ野球を見る研修	無料	野球の招待券をいただいたので、新入社員たちと観にいった
143	メガソーラの草刈りをする研修	無料	新入社員のひとりが、メガソーラで草刈りをした、というもの
144	歓迎会でライバルをいう研修	宴会代2万円(5,000円×4人)	新入社員の歓迎会の場を利用
145	カメヤマキャンドルハウスさんとうなぎを食べる研修	うなぎ代18,000円(3,000円×6人)	アカリトライブを一緒に行っているカメヤマキャンドルハウスさんが打ち合わせで来社された際に、新入社員も同席させてウナギを食べる。その際、「キャンドル、結婚式、女性」の切り口で何かできないかという話で盛り上がる。ただし、結果的には、何も実現していない
146	企業価値の表彰式に参加する研修	無料	「企業価値協会」の表彰式に、新入社員と一緒に参加
147	研修を作る研修	無料	来年の新入社員向けに、社長になったつもりで研修を企画してもらう研修。そうした作業を通して、社長がどういう思いで研修をつくり、実施しているのかを体感してもらう
148	柏屋さんの社長と薄皮饅頭&フォアグラ&トリュフのマリアージュ作品を、郡山で一番おいしいフランス料理店で食べる研修	フランス料理代25,000円(5,000円×5人)	饅頭プロジェクトでの柏屋さんとの打ち上げを、以前訪れたフランス料理屋さんで行なう。その際、シェフにお願いしていた薄皮饅頭&フォアグラ&トリュフのマリアージュ作品をみんなでいただく

第1章

100年続く「元気な組織」をつくる

わが社は、元気エネルギー供給企業

心を元気にするエネルギー

私が会長を務めるアポロガスは、福島市内を中心に約６６００世帯にＬＰガスを供給するガス販売会社です。ガス以外にも、リフォーム事業、新築・不動産事業、水道まわり事業、発電・売電事業なども行っています。

創業は１９７１年７月。福島市内にあった４つのＬＰガス販売会社が合併・協業し、設立されました。

社員は本社ＬＰガス事業が25名、グループ全体でも現在70名（パート社員も含む）地方の小さな企業です。スタートはガス事業でしたが、その後、「地域のライフラインを担う企業になろう」というチャレンジ精神のもと、さまざまな事業を展開。現在は、総合エネルギー供給企業として、「地域の方々を一生にわたってお手伝いし続ける」をモットーに事業を展開しています。

さらに、ここ10年近く、私たちアポロガスが自分たちの役割として、強く意識しているのが「元気エネルギー」を供給することです。

「元気エネルギー」とは、読んで字のごとく、人が元気になるようなエネルギーのことです。

ガスや電気などの、言ってみれば「目に見えるエネルギー」だけでなく、地域の人々の「心」を元気にするようなエネルギーも供給することを目指しています。

願わくば、地域の方々に「あの会社を見ていると、なんだかこちらも元気になるよね」と思ってもらえるくらい強い「元気エネルギー」を供給できるようになりたいのです。

「元気エネルギー」の原型となる発想は、じつは社長に就任する以前から私の頭の中にありました。

ただ、その当時は「元気エネルギー」という言葉はまだ浮かんでおらず、「地域の企業として、自分たちのサービスや商品によって住民の方々に『幸せです』と感じてもらえる仕事がしたい」というイメージでした。

ただ、アポロガスの共同経営者の息子ということで「後継者」のひとりとして入社したものの、当時はそれほど権限もありません。なので、アポロガスの一社員として、少しずつそうした仕事に取り組んでいる、という感じでした。


その後、２００７年にアポロガスの3代目の社長に就任したのを機に、こうした考えを折に触れて社員たちに伝えていきました。

「元気エネルギー」の言葉が生まれたのもちょうどこの頃で、２００７年には、「元気エネルギー供給事業部」を設立。私はその本部長に就任し、名刺にもしっかり明記するようになりました。

さらに具体的な活動としては、地域の人たちが元気になるようにと、以前より発行していた地域向けのミニコミ誌「せっかくどうも」をパワーアップさせたり、地元の

ＦＭラジオ局で週1回10分の番組を放送したりなど、少しずつですが、「元気エネルギー供給企業」としての活動に取り組み始めました。

ただ、その頃はまだ、全社的に「自分たちは『元気エネルギー供給企業』なのだ」という共通認識はそれほど強くなかったかもしれません。

それを大きく変えたのは、２０１１年3月11日に起きた東日本大震災での経験だったように思います。

真っ暗になった福島のために

アポロガスがある福島は、地震や津波での甚大な被害のみならず、その後に起きた福島第一原発の事故による放射能汚染という未曽有の大災害にも見舞われました。

地震により水道やガス、電気といったライフラインはストップ。さらに原発事故による放射能汚染で「福島は危険」というイメージが全国的に（それどころか全世界的に）広まり、県外からのあらゆる物流もストップしました。

このときの福島は、あらゆる意味で本当に「真っ暗」になっていました。地震直後は停電等で明かりが消え、街全体が暗くなっていました。地域の人たちの気持ちも、先行きの見えない不安や放射能への恐怖で沈みがちになっていました。

もちろん、アポロガスの社員たちも例外ではなかったと思います。

アポロガスの本社は福島県の内陸部にあり、地震の被害は比較的少なかったものの、家族や親戚が被災したという社員もいました。

また、原発からの距離も60～70㎞と離れてはいるものの、国が発表する避難区域は刻々と変化し、アメリカ政府からは原発から80㎞圏外への退避指示も出ていました。

私自身は、国からの強制避難の指示が出ない限り、この地に残って、地域のライフラインを守り続ける決意でした。ただ、それを社員に対してまで「業務命令だ」と強要することはできません。今回の場合、放射能によって、福島にとどまることがもしかすると命に関わるかもしれなかったからです。

なので、原発事故が起きた2日後の14日の昼、緊急で全社員を本社に集め、私の考えを伝え、「まず家族と話し合ってください。そして、明日までにここに残るかどうかを決めてください。残れる場合は、そのメンバーで対応していきましょう」という旨の話をしました。

そして、翌日、全員と個人面談をしたところ、なんと全員が「社長と一緒に残ります」と言ってくれたのです。

「お客さんを残して自分だけはいけません」
「最後まで残んのは当たり前だべ」
「たいして社長の力にはなれないけど、最後の最後まで社長の力になります」
「ひとりで死ぬのはいやだけど、みんなと一緒ならあきらめもつくので残ります」

目に見えない放射能汚染による恐怖というギリギリの状況で社員たちが言ってくれたこうした真実の言葉。こうした社員たちの言葉を聞いたとき、本当にうれしかったです。これまで、仕事で涙を流すことはほとんどなかったのですが、このときは涙が止まりませんでした。

「地域の企業として、自分たちのサービスや商品によって住民の方々に『幸せです』と感じてもらえる仕事がしたい」という思いは、私だけのものではなく、社員たちもそう思ってくれていたのだと実感できた瞬間でした。

その後、社員たちは、「元気エネルギー供給企業」として、真っ暗になってしまった地元をほのかにでも照らせるようにと、日々の業務に取り組んでくれました。

お客さまのご自宅をまわっての安全確認やメンテナンス、ＬＰガスや灯油、車両用のガソリンの調達・確保と、安定供給……などなど。福島への物流がストップするなか、それらの調達はなかなか大変でしたが、同業者の方々の助けや社員たちの頑張りで、少しずつ安定的に供給できる状態を取り戻していけました。

さらに、目に見えるエネルギーだけでなく、気持ちが沈みがちになっている地域の人たちを少しでも元気づけられればという思いで、本社の店頭に「灯油はありませんが、アポロガス元気に営業中です！」という看板を掲げることにしました。

震災直後、福島市内では多くの店が休業状態となり、原発事故で、全国区の会社の中には、支店や営業所を閉め、福島から撤退するところもありました。そのため、街はとても暗い雰囲気になっていました。

そんなときだからこそ、「元気エネルギー」を供給し、街に明かりを灯したい。この看板を見ることで、少しでも元気になってもらいたい。そんな思いで、掲げたのがこの看板だったのです。

元気を取り戻すお手伝いを

その後も、放射能の風評被害などでますます沈みがちになる故郷・福島が、どうすれば元気を取り戻せるか、そのためにアポロガスは何ができるのかについて私たちは試行錯誤し、さまざまな取り組みをしてきました。

たとえば、福島の人たちが、前に向かって進むのに少しでもお役に立てればと、震災の年の夏に地元の新聞に「40年前の恩返し」という広告を掲載しました。

また、全国的に広まった福島のマイナスイメージを払拭し、それだけではなくプラスイメージも発信しようと、震災の影響で閉鎖中だった競馬場を使い、２万個以上のキャンドルでメッセージを届ける「ふくしまキャンドルナイト」も企画しました（ちなみに、このイベントは「ふくしまアカリトライブ」と改名し、全国からサポートされ、現在も続いています）。

東日本大震災をきっかけに、アポロガスの「元気エネルギー」の供給は加速的に進んでいきました。

最初は復興に関連して、福島の人たちが少しでも元気を取り戻すお手伝いができればという活動がメインでしたが、現在は、それだけにとどまっていません。社員たちは、日々の業務でも積極的に地域の方々に「元気エネルギー」を供給してくれています。

まだまだ十分に供給できているわけではありませんが、「わが社は『元気エネルギー供給企業』」という認識は、全社で共有できるようになったと感じています。

元気エネルギー供給活動がもたらすもの

直接的な利益は生まない活動

東日本大震災を機に、アポロガスでは「元気エネルギー」を供給するという仕事が本格化したわけですが、ただ、ガスなどほかのエネルギーと違って、正直、こちらは会社にとって直接的な利益を生みません。

たとえば、福島の復興のために元気エネルギーを供給しようと、これまでさまざまなイベントやプロジェクトを行ってきましたが、それでアポロガスが儲かるわけではありません。お客さまが増えるわけでも、売上がグンと伸びるわけでもないのです。

というより、そもそも自分たちが儲けたくて、こうしたイベントやプロジェクトを始めたわけではありません。「震災や原発事故以来、沈みがちな福島の人たちを少しでも元気にしたい」という思いで始めたことです。

しかし、そうはいってもアポロガスも営利企業ですから、会社を存続させるためには利益を出し続ける必要があります。経営者たるもの、会社を存続させ、社員たちの雇用を守るためには、売上や利益にもっと執着しなければいけません。

それゆえに、「復興支援のために、こうしたイベントやプロジェクトを行い続けることは本当に正しいのだろうか……」と悩むこともありました。アポロガスの初代社長である私の父からも「こんなお金にならないことをやって」と怒られたこともあります。正直、いまでも、「これをすることは正しい」と、自分自身の中で確信を得られたわけではありません。

それでも、アポロガスはいまも福島の復興支援の活動を続けています。それはひとえに、「地域の方々に『幸せだ』と感じてもらえる仕事をすることが、アポロガスの使命なのだ」という強い思いがあるからです。「元気エネルギーの供給」はそうした仕事のひとつであり、それを具体的な形にしたのが、福島の復興のためのこうしたイベントやプロジェクトなのです。

それゆえに、たとえ直接の利益を生まなくても続けていてもいいのではないかと、いまは思っています。ただ、そのためには、「利益はなくても、マイナスを出さない」という計算は、経営者としてつねにしていますが……。

全国から就職希望者がやってきた

そして、ここ数年、興味深いことも起こっています。

たしかに、「元気エネルギーの供給」は直接的な利益を生みません。しかし、間接的にはアポロガスという会社の価値を高め、その成長を促してくれているのです。

そのことを実感するのが、ここ数年、新卒採用に際して全国から就職希望の学生さんが集まってくれるようになった、という現象です。毎年新卒採用は、1~2名なのですが、多いときは、全国から50人くらいの学生さんたちがエントリーしてくれるのです。福島県内でも、福島市内とその周辺というごく限られた地域で事業を展開している小さな中小企業に、です。これには私自身、とても驚いています。

アポロガスが新卒採用を始めたのは、２０１１年度からです。

それまで欠員補充の形で経験者を採用することはありましたが、新卒を定期的に採用することはありませんでした。ところが、この時期、創業から40年を迎え、その頃に入社した社員がどんどん定年退職を迎えるようになりました。そこで、その穴埋めとして新卒採用をスタートすることにしたのです。

それ以後、毎年、新卒の採用活動を行っているのですが、年々の応募者が増えていき、ここ数年は福島県外の学生さんからも多数、問い合わせをいただけるようになってきています。

さらに、新卒採用をスタートしたことで若い社員が増えていき、その一方でベテラン社員たちが次々と定年を迎えていったことと重なり、ここ数年で、一気に組織の若返りが進みました。以前は平均年齢が50歳を超えていましたが、現在、アポロガスのグループ全体の平均年齢は42歳になっています。

近年、太陽光や風力、地熱、バイオマスなど、さまざまな新エネルギーが登場するなか、ガス業界も昔ほどの勢いはありません。しかも私たちが扱っているのは、需要が年々減少傾向にあるＬＰガスです。当然のことながら、若い人たちがなかなか集まりにくい業界です。そのため、業界全体では高齢化が進み、いまや平均年齢が50代とか60代という会社も少なくないのが現状です。

それに対してアポロガスでは、20代、30代の社員が、いまでは社員の４割を占めています。これは、アポロガスの強みだと私は考えています。若い人たちがいると、やはり組織は活性化します。さらに10年後、20年後の長期戦略も立てやすくなります。

そして、こうした組織の若返りをもたらしてくれた要因として、震災以降、故郷を元気づけるために行ってきたさまざまな活動も無視できないと感じています。

というのも、そうした活動をいくつかのメディアが取り上げてくださり、さらにそれが、「おもてなし経営企業」（経済産業省選・２０１３年）や、「がんばる中小企業３００社」（中小企業庁選・２０１３年）、「優秀経営者顕彰・震災復興支援賞」（日刊工業新聞社選・2013年）など、さまざまな賞を頂戴することにつながったからです。

その結果、福島にアポロガスという会社があることや、「元気エネルギーの供給」という仕事を全国の多くの方々に知っていただけるようになりました。

元気エネルギーの供給がもたらす利益とは

さらに、最近感じていているのが、「元気エネルギーの供給」は間接的にだけではなく、直接的な利益にもつながっているのではないか、ということです。

というのも、人口減少等によりガス業界全体では毎年2％ずつお客さんが減っているのにもかかわらず、アポロガスの減少率はその数値よりはるかに低く抑えられているからです。ガス以外の新規事業の貢献もあり、グループ全体の売上で見ると、この10年で2倍に伸びています。

残念ながら、元気エネルギーの供給が実際のところ、これらの数値にどれだけ関係しているのかをデータで示すことはできません。その意味でやや説得力に欠ける印象があるのは認めざるを得ません。

ただ、ここ10年近くの間に「アポロガス」という会社に起きた変化を考えると、「元気エネルギーの供給」という仕事が、会社にもたらしてくれた利益はやはり無視できないと思います。

5年、10年、20年といった長いスパンで見たときに、「元気エネルギーの供給」は、やはり、その会社に大きな価値や利益をもたらしてくると、私は確信しています。

なぜ「人づくり」を始めたのか

2027年には、いま存在している仕事の半分がなくなる

会社としてさまざまな賞をいただいたことをきっかけに、「地域に元気エネルギーを供給する」というアポロガスの活動に関心を持っていただけたのか、ここ数年、ちらほらと講演を依頼されることが増えていきました。

その際に、しばしばアポロガスが実施している新入社員研修のお話をさせていただいたところ、最近は、「アポロガス＝ユニークな新入社員研修を行っている会社」とイメージされることが多くなってきました（今回もそれをテーマに、この本を書かせていただくことになったわけですが……）。

先述した通り、アポロガスでは２０１１年度から新卒の採用をスタートしました。

その理由は、ベテラン社員が定年退職の時期を迎え、ごっそり抜けてしまうので、その補充をするためと、先ほど述べました。

ただ、それだけなら、なにも新卒社員を採用する必要はありません。これまで通り、欠員補充の形で経験者を採用するという方法もあります。目先の利益だけを考えるならば、いまいる既存の社員だけで効率的に仕事をまわす方法を考えるのも、選択肢としては「あり」です。そのほうが人件費を節約できます。

しかし、あえて私は新卒採用に踏み切ることにしました。


それには、大きなきっかけがありました。

それは、２０１１年８月にニューヨーク・タイムズ紙に掲載されていたある記事を読んだことです。

そこにあったのは、デューク大学の研究者、キャシー・デビットソン氏の**「２０１１年にアメリカの小学校に入学した子どもたちの65％は、大学卒業後、いまは存在し**

ていない職業につくだろう」というコメントでした。

つまり、2011年の16年後（6歳で小学校に入学して22歳で大学を卒業した場合）、2027年に地球上に存在している仕事の半分以上が、いまは存在していない仕事だというのです。


この記事は私にとって衝撃でした。

アポロガスが創業以来、大事にしてきたことのひとつが、「チャレンジ精神」です。これは、いまや組織の風土となっているといっても過言ではありません。

そもそも社名の「アポロ」も、1960年代、アメリカのNASAが推し進め、1969年には人類史上初の月面着陸を成功させた「アポロ計画」からとったものです。

アポロ計画の無限の可能性へ挑戦という「チャレンジ精神」を、自らのDNAとして、時代に即した新しい事業にチャレンジしていこう——。

アポロガスの社名には、そうした創業者たちの「思い」が込められているのです。

それゆえに、ガス事業だけにとどまらず、リフォーム事業や新築・不動産事業、水道まわり事業など、次々とライフラインの事業を展開してきました。さらに、20年くらい前からは、今後の新エネルギーの需要増加を見込み、太陽光発電の事業にも進出。2018年には、水素ステーションの事業も開始しました。

こうした多角化の目的は、地域のライフラインを担いたいという志と、もうひとつ、会社を存続させ、この会社で働く社員たちの雇用を守り続けたいという、創業者たちの思いもありました。つまり、お客さまのライフライン全般を担うことで、一生を通じてのおつきあいを実現し、それにより会社も安定的に利益を確保していこう、という発想です。

ただ、こうしたチャレンジ精神も、「いま存在していない仕事」が半分以上になった世界においては限界があります。

「いま存在している仕事」であれば、さまざまに傾向と対策を分析して、チャレンジのしようもあります。しかし、「いま存在していない仕事」に対しては、そもそも存在してないのですから、準備のしようも、チャレンジのしようもありません。

では、そうした時代において、アポロガスが生き残るには、どうすればいいのか？

私はさまざまに考えました。そして、私の頭に浮かんだのは、**「変化対応能力の高い組織をつくっていく」**でした。

つまり、どんな大激変の時代にあっても、そこに対応し、生き残っていける組織をつくっていく、ということです。

実際、地球上の生命が生き残ってこられたのも、こうした変化対応能力が大きかったといいます。

多くの生命において、オスとメスが存在します。子孫をできるだけ多く増やしていくのであれば、自分のコピーを大量に生産していく無性生殖のほうが効率的です。ところが、多くの生命はわざわざオスとメスという2種類の性を受精させる有性生殖という戦略をとったわけです。

それはなぜかというと、オスとメスそれぞれのＤＮＡを融合したほうが、多様性を持った新しい遺伝子を生み出していけるからだそうです。多様性を備えれば備えるほど、環境変化への対応力も上がります。つまり、たくさんの「引き出し」を持つことで、たとえ予期せぬ変化が起こったとしても、柔軟に対応していくことができるわけです。

その結果、多くの生命が地球のさまざまな環境変化を乗り越えて、現在も生き残ってこられたといいます。

変化対応能力の高い人を育てる必要性

このことは「会社」でもいえるのではないでしょうか。

多様性のある、「引き出し」を多く備えた組織は、予測不可能な時代に、どんな環境の変化が起きようとも、それに合わせて自らを変化させ、新しい事業を創り出していけるはずです。

そして、組織をつくっているのは「人」です。

そのため、**変化対応能力のある組織をつくっていくには、そこで働く人が変化対応**

能力を磨いていくことが不可欠です。そして、そうした人材をしっかりと育てていくことができれば、どんな変化にも柔軟に対応していくことができます。そのことは結果的に経営の安定につながっていくだろうと私は考えます。

幸いにも、アポロガスには創業以来培ってきた「チャレンジ精神」があります。そのチャレンジ精神に、さらに「変化対応能力」が加われば、この先の大激変においても、それに柔軟に対応し、新しい事業を見つけ出し、果敢にチャレンジしていける組織となって生き残っていけるはずです。

近い将来、そうした組織となるために、いまのアポロガスがとれる最大の戦略は「人づくり」をしっかりと行っていくことだろう。

私はそう考え、あえて「新卒採用」に踏み切る決断をしたのです。

「人づくり」は新入社員から優先して行う

柔軟性がある若いうちに

新卒採用を始めた理由が、「変化対応能力のある人づくり」ですから、その採用と同時に始まったのが、**新入社員向けの新人研修**です。

研修期間は、内定後の10月から入社後1カ月半までです。その間に、30程度の研修メニューをこなしてもらいます。

研修といっても、業務に関連する内容のものはほとんどありません。会社が主催するさまざまなイベントにスタッフとして参加し手伝ってもらったり、週に1回、地元のFM局でラジオDJを務めてもらったり（これは入社後1年間です）、幼稚園や小学校を訪問して講師を務めてもらったり、などです。それぞれの研修後には、論文やレポートを提出してもらいます（研修の詳細について第2章、第3章で詳しくご紹介します）。

ここでみなさんは、変化対応能力のある組織をつくっていくのに、なぜ新人研修なのかと疑問に思うかもしれません。わざわざお金をかけて新卒を採用するより、すでにいる既存の社員に対してそうした人づくりを行っていったほうが、より無駄がないのでないかという意見もあることでしょう。

ただ、「鉄は熱いうちに打て」という諺があるように、**「人づくり」はやはり若いうちのほうが高い効果が期待できます**。自分自身の反省も込めて、十分に経験を積んでからでは、残念ながら若いときほどは柔軟になれません。

しかも、この人づくりでメインになるのは、「変化対応能力」を磨いていくことです。ある程度、年齢がいってからこの能力を磨いていくのは、一筋縄ではいかないのが現実です。

そうした観点から、「人づくり」は若い人から始めたほうが効率がいいと私は考えるのです。

また、アポロガスのような地方の小さな会社にとっては、経験豊富なベテラン社員を対象に「研修」時間を確保するのが厳しいという現実もあります。限られた人数で日々の業務をまわしており、全員が重要な戦力です。ひとりでも抜けるとその部分に大きな穴が開き、全体の業務に支障をきたしてしまいかねません。

一方、新入社員であれば、入社前（内定の段階）やその直後はまだ戦力外です。なので、この時期に研修を実施すれば、会社全体の業務になんら問題を生じさせませんん（もともと新入社員がいなくても業務はまわっていたわけですから）。

こうした事情も、新卒採用をした理由のひとつとして挙げられます。

ただし、現在は、さまざまに工夫することで、新入社員以外の社員の研修も少しずつ実施できる環境が整いつつあります。

組織にプラスをもたらす「下っ端効果」

ここまでお読みいただくと、どちらかというと消去法的に「新入社員」から人づくりを始めざるを得なかったという印象があるかもしれません。

もちろん、そういう部分もありますが、じつは、私の中では「会社の中で一番若い新卒の新入社員に、あえて変化対応能力を身につけていってもらおう」という積極的な意図もありました。

ここには私のある「考え方」が関係しています。

それは、**組織内で「もっとも下っ端」の人が成長することは、組織全体の成長をもち促す**、という考えです。

「仕事」の面でいえば、新入社員は基本的に知識でも技術でも経験でも、まだ先輩社員にはかなわない状態です。つまり、仕事においては「もっとも下っ端」な存在です。

そうした存在の新入社員が、研修を通してさまざまな課題をクリアしていったらどうでしょう。優秀と見なされている人がクリアしても、「あの人だからできるんだよ」となってしまいがちです。一方、「自分より下っ端」と思っている人ができれば、「彼ができるのだから、自分にもできるだろう」と思いやすくなります。

つまり、「下っ端」な存在が一つひとつハードルをクリアしていく姿は、「自分にもできるだろう」という上の世代の自信につながり、彼らのモチベーションアップをも促し得るのです。

これをアポロガスの新人研修に当てはめれば、**「もっとも下っ端」である新入社員が変化対応能力を身につけていくことで、その相乗効果として既存の社員たちも変化対応能力を身につけやすい環境が整っていく**ことが期待できるわけです。

私があえて新入社員の人づくりから優先している理由には、こうした目論見もあるのです。

下っ端の存在が生み出す組織全体へのプラス効果に気づいたのは、じつは私自身の経験によります。

アポロガスに入社して数年後、水道まわり事業を行うグループ会社、アレックスに経営的な立場で出向することになりました。

ただ、私には水道工事の経験も技術もありません。なので、実際の業務はその道のプロである社員たちに任せ、私はみんなが気持ちよく働ける「環境づくり」に徹するようにしていました。

そんなとき、古い工法での水道工事が必要な事案が発生しました。その工法は会社で一番年配のベテラン社員だけが対応でき、他の社員たちは経験したことがありませんでした。ですから、社内にはその仕事についてどこかためらうような雰囲気がありました。

ただ、今後のことを考えれば、その技術を継承していく必要があります。古い分、それなりに手間がかかるため、社員たちも習得に対してあまり前向きではない様子でしたが、それでもマスターしてもらわなければいけません。

そのためには、いったいどうすればよいのか。

このとき思いついたのが、「この事案は、素人の私がベテラン社員に教えてもらいながら取り組む」でした。

つまり、私ができれば、他の社員たちの「水道工事の経験のない篠木さんにでもできるのだから、彼より知識も技術も経験もある俺たちができて当然だ」という自信につながるだろう。私はそう考えたのです。

そして、ベテラン社員の丁寧な指導のおかげで、私はその工事を成し遂げることができました。その結果、私が意図した通り、他の社員たちも「篠木さんにできたのならば」と、以後、積極的にその工法をマスターしていってくれたのです。

これに味をしめて、それ以来、組織全体で新しいことに挑戦してもらいたいときには、**「若い人にまずやってもらう」**というのが、ある意味、篠木流になっています。

そして今回の「人づくり」も、この戦略でいこうとしたわけですが、その結果はというと、100%自信を持って「成功した」とはまだ答えられないというのが、正直なところです。

ただ、研修を8年以上続けてきて、少しずつではありますが、組織全体として「変化対応能力」を身につけていくという意識が高まっているように感じます。それについては第4章で述べていきます。

お金をかけない人づくり

余裕がないときこそ人づくりを

じつは、「人づくり」というのは、私がアポロガスに入社してからずっと取り組みたいテーマのひとつでした。

私は、大学卒業後から30歳でアポロガスに入社するまでの7年間、銀行で働いていました。そのとき、上司や先輩たちからくり返し教えられたのが、「銀行の商品は『お金』ではなく、『人』なのだ」ということでした。だからこそ、組織にとって「人」は何よりも大切であり、組織が成長していくためには「人づくり」は不可欠なのだ、ということです。

20代という、社会人としてはまだ「真っ白」だった頃に、何度も聞かされたせいか、この考え方は私の体の中にはしっかりインプットされました。さらにその後のさまざまな経験でそれが真実であることを体感し、いまでは私にとって「組織にとって『人づくり』は不可欠」というのは「信念」となっています。

そして、「人づくり」が大切ということは、私が言うまでもなく、多くの経営者の方が理解されていると思います。

その一方で、経営的にある程度、余裕がなければ、なかなか人づくりに手をまわせないという声もしばしば聞きます。

なぜなら、人づくりには時間がかかるからです。10年、20年といった長いスパンで見ていかないと、人づくりの効果は見えてこないのが現実です。しかも、人づくりの場合、「Aをすることで、Bという結果を生む」といった具合に、具体的な効果を目に見える形で、かつ論理的に説明するのがかなり困難です。つまり、費用対効果を明確に示すのが難しいのです。

そのため、業績が厳しくなるとまず切り捨てられるのが、人づくりの部分ということは少なくありません。頭では「人づくり」は大切だとわかっていても、すぐにでも利益を出していかなければならない状況になると、つい「そんな余計なことはやっていられない」となってしまいがちです。私自身も「人づくりは私の一大テーマ」と言いながら、そうした迷いにぶつかることはあります。

しかし、先ほどから何度も述べているように、組織をつくっているのは「人」です。いい人材が育つことで、その組織はさまざまなチャレンジが可能となり、それだけ成長の可能性が広がっていきます。「人財」という言葉がありますが、まさにこれは真実だと思います。会社にとって「人」はやはり一番の「財産」なのです。

逆に、人が育たない組織は、短期的にはなんとかなるかもしれませんが、長期的に見ると、成長していくのは難しいのではないでしょうか。場合によっては、存続さえも厳しくなってしまう可能性もあります。

「人づくり」が大切なのは、ほとんどの経営者がわかっていることでしょう。しかし、短期で結果が見えづらい「人づくり」は、経営的に厳しいときには切り捨てたくなるのが、多くの経営者にとっての心のうちでしょう。それよりも目先の利益を得たいのが本音のところです。

しかし、「人づくり」を切り捨てれば、短期的に経営は楽になるかもしれませんが、長期的には経営悪化につながる危険性があります。

その意味で、**「人づくり」とは、経営的に余裕があるからするものではなく、余裕がないときこそ、自らの存続をかけてあえて取り組まなくてはならないもの**だといえるのではないでしょうか。万が一、切り捨ててしまえば、自分で自分の首を絞めることになりかねません。

しかし、予算的に厳しいのに、どうやって「人づくり」のお金を捻出すればよいのか。このあたりに、「人づくり」のジレンマがあると思います。

このジレンマを解消するには、どうすればいいのか。

実際、アポロガスも決して経営的に余裕があるわけではありません。それでも、地域のライフラインを担う会社として長く存続し、お客さまに「元気エネルギー」を供給し続けるには、「人づくり」は不可欠だと考え、あえて着手しました。

そして、そのとき、私が思いついたのが、**「お金をかけない人づくり」**でした。

日々会社で起こることを研修化していく

そもそも「人づくり」は、経営者のみなさんが思っているほどお金がかかるものなのでしょうか。

私はそうは思いません。ちょっと工夫することで、じつはお金をかけずに、人の成長を促すような研修をすることは可能です。

それには、**会社で日々起こっていることを、どんどん「研修化」していく**こと。

本書冒頭の一覧は、2017年度の新入社員たち（4人）に実施した研修です。研修のメニューは例年30くらいが平均なのですが、この年はなんと150もの数に上りました。理由は、研修をするたびに彼らから興味深い反応が返ってくるので、私が面白くなってしまったから。「じゃあ、次はこれ！」という具合に次々と課題を出していったら、150もの数になっていったというわけです。

そして、その中身を見てください。**「これが研修？」**というものが多くないですか？いわゆる「業務研修」のようなものはほとんどないですよね。

これが、日々会社で起こることを、ちょっと視点を変えて、どんどん研修化していった結果です。

そして、日々、会社で起こっていることを研修化していくので、そのほとんどにおいて、あまりお金がかかりません。先日、アポロガスが行っている新人研修にかかる費用を計算してみたところ、**ひとりあたりかかる費用は毎年50万円**くらいでした。

では、そもそも「日々会社で起こることをどんどん研修化していく」とは、どういうことでしょうか。

その方法について、次章以降、アポロガスの新人研修を例に、具体的に述べていきたいと思います。

第2章

150の研修が目指していること

「未知な体験」をたくさんしてもらう

50日で150種類の研修を行い、100本の論文を書く

さっそくですが、アポロガスが行っている新人研修がどのようなものなのかについて、具体的に紹介していきましょう。

じつはアポロガスの新人研修は、数年前に「ナニコレ珍百景」（テレビ朝日系列）というテレビ番組で取り上げていただいたことがあります。そのとき、「珍百景」として紹介していただいたのが、アポロガスの新卒の新人社員が入社2週間目から自分の名前のついた冠ラジオ番組を持つという**「ラジオDJ研修」**。

それが、全国区の放送で流れたので、アポロガスを「面白い新人研修をしている会社」として認知してくださっている人が少なくないようです。

最近では、そのラジオＤＪ研修も含め、**「新入社員研修で50日間、１５０種類の研修を行い、１００本の論文を書くユニークな会社」**ということで有名になっています。

しかし実際、毎年、こんな数の研修を行っているわけではありません。

２０１７年度の場合、例外的にその数字になっただけです。先ほども述べましたが、こちらが出す課題を新入社員たちがどんどん消化していってくれるので、私が「これは面白い」と調子に乗り、次々と新しい課題をムチャぶりしていったら、結果的にその数が１５０にもなっていた、というわけです。

一方、通常、アポロガスの新人研修のメニュー数はだいたい30くらい、それに合わせて約20本の論文・レポートを課す、というのが平均的です。それを、内定後の10月から入社後1カ月半までの期間に、だいたい50日くらいを使って行っています。

アポロガスの新人研修では、いわゆる「業務研修」にあたるものがほとんどありません。実際の業務関する研修は、配属が決まった後、実際の業務の中で身につけていってもらう「ＯＪＴ」(On-The-Job Training) の形で行うのが、私たちのスタンスです。

では、新人研修では何をするのかというと、**「未体験なことをできるだけ多く経験・体験してもらう」**です。そのため、新入社員には、とにかくいろいろな未知の体験に挑戦してもらいます。

たとえば、新人研修で最初に行うのが、内定後の**「着ぐるみ研修」**です。これは、アポロガスグループが毎年秋に実施しているお客さま感謝祭「せっかくどうも祭り」で着ぐるみを着て、お客さまをお迎えする、という研修です。

さらに、東日本大震災後に始まったキャンドルと音楽のイベント**「アカリトライブ」の準備手伝いや、アナウンス研修、学生向けのラジオバトル選手権の企画・運営**なども、内定中に研修として経験してもらいます。

さらに、入社して2週間目にスタートするのが、地元のFMラジオ局での**「ラジオDJ研修」**です。週1回、10分間の放送を1年間、担当してもらいます。そこで新入社員たちは、生放送でのDJのほか、番組の企画やゲストの選定、原稿づくりなど、ラジオ番組づくりに関わるあらゆる仕事を体験することになります。

その他にも、**地元の大学や小学校、幼稚園等での講師体験**や、アポロガスグループの**テレビCMに出演するなど会社の広報活動への参加**だったり、私の外まわりに同行して、**県内外の著名人のいいお話を伺ったりといったもの**もあります。

「未知」の「無駄」な体験こそ将来プラスになる

私が「未知の体験」にこだわるのには理由があります。

それは、初めてのことや慣れないことをするのは、人間にとってストレスだし、とてもしんどいからです。やり遂げるまでには、たくさんの大変なことに遭遇します。うまくいかず苦労することもしばしばでしょう。

そうしたときに、それを**乗り越えようとさまざまに考え、行動し、うまくいかないときにはもう一度考え直し、再トライする。こうした繰り返しの中で、人はさまざまなことを学び、成長していきます。**

私が、新人研修を通して期待しているのは、新入社員たちがこうした学びをたくさん得てくれることです。

さらに、私が新人研修で重視しているのが、一般的に見れば「無駄な経験」というものを、社会人の仲間入りをする前後のこの時期に、たくさん経験してもらうこと、です。

これは私の考え方なのですが、**「一般的に見て無駄な経験」というのは、じつはその後の人生において大きな肥やしになります。**

私自身の人生を振り返ってみても、その当時は「俺はなんて無駄なことをやってしまったんだ……」と思えたことが、その後の人生においてさまざまな発想を生み出すきっかけになっていることが多々あります。そして、そのたびに、「あのときの経験は無駄ではなかったんだな」という思いに駆られます。

みなさんも、ご自分のこれまでの人生を振り返ってみて、そう感じることはありませんか？

そして、未知の経験にしても、無駄な経験にしても、若いうちのほうが受け入れやすいものです。

たとえば、ある程度、社会人経験を積んでしまうと、自分の中の思い込みやプライドなどに邪魔されて、初めてのことや慣れないことを避ける傾向が強くなります。また、それらから素直な学びを得にくくなります。

「無駄な経験」にしても、年齢がいけばいくほど、残された自分の時間も減っていくわけですから、できるだけ無駄なく生きようという気持ちが強くなりがちです。そのため、時間がまだ豊富に残されていた若いときほどは、「無駄な経験」を受け入れられなくなります。

その意味でも、ある意味、社会人として「真っ白」な新入社員だからこそ、こうした研修がしやすいともいえるかもしれません。

「自分の頭で考え、行動する」を徹底的に経験させる

自分の頭で考え、行動するための仕組みを用意する

１５０の研修メニューをご覧いただくと、アポロガスの研修がじつに「なんでもあり」だと感じる人も多いと思います。実際に私の中には**「学びがあれば、すべて研修」**という考え方があるので、「これは研修になる」と思えば、どんなこともすぐに研修化してしまいます。

ただ、誤解のないように申しておけば、これは「新入社員一人ひとりが、研修を通じて何らかの学びを得ればＯＫ」という緩いスタンスなわけではありません。

研修を実施する側として、明確にそこから「学んでほしいこと」を設定しています。

そのひとつが、「自分の頭で考え、行動する」という習慣を徹底的に身につけても

らうこと、です。

なぜなら、この習慣こそが、アポロガスが創業以来、大切にしている「チャレンジ精神」を実践できる基礎力になるし、また、第1章でも述べた、いまある仕事の半分以上がなくなるというビジネス大激変時代に、変化対応能力を発揮し、新しい事業を見つけ、実現していくために不可欠な習慣だと私は考えるからです。

理由はそれだけではありません。

「アポロガス」という会社の枠をはずし、ひとりの人間として、「前向きに生きる姿勢」と「折れない翼」を手に入れてほしい、という私の思いもあります。

これは私の持論なのですが、自分の人生を終えるときに、「いろいろあったけど、生きてきてよかったな」と思える人生を歩むには、この2つは欠かせないのではないでしょうか。

そうした、言ってみれば幸せな人生を送るための「インフラストラクチャー」(これを私は「人生のインフラ」、それを教えることを「生き方のインフラ教育」と呼んでいます)を、ご縁があってアポロガスの一員になってくれた若者たちが築いていくのを、この研修を通じて微力ながらお手伝いしたいと私は考えているのです。

そして、「前向きに生きる姿勢」と「折れない翼」の2つは、結局のところ、前者のチャレンジ精神や変化対応能力にもつながります。この2つこそが、何もないところからビジネスの種を見つけ出し、それを形にするために行動し、実現するエネルギーになってくれるはずだからです。

何事にも前向きで、かつ折れない翼を持っていれば、多少の逆境にさらされてもビクともしないことでしょう。「自分なら、これくらいのこと、乗り越えられる！」と果敢にチャレンジしていけるはずです。そして、その経験によりますます自信がつくだろうし、人生に対する幸せ感も高くなることでしょう。

逆に、後ろ向きで、翼も弱々しければ、ちょっとした環境の変化にもガクッと折れてしまいかねません。そうなってしまえば、挫折だらけの人生になってしまいかねず、チャレンジ精神は萎えていく一方だと思います。

ただ、「この研修を通して『自分の頭で考え、行動する』という習慣を徹底的に身につけていこう」と私が口で言ったところで、彼らとしてはそれを実践するのは難しいでしょう。やはり、**「自分の頭で考え、行動する」ための「仕組み」をある程度、こちらで用意してあげる**必要があります。

アポロガスの研修でもそれはきちんと整えています。それは、どの研修においても、彼らを**「崖っぷちに立たせる」**ということです。

人は崖っぷちに立ったとき、もっとも力を発揮する

これも私の持論ですが、人間というのは、危機的な状況に追い込まれたとき、自分の中にある潜在能力が一気に引き出され、自分でも思いもよらないような実力を発揮できたりします。

その状況を解決すべく知恵を絞り、考え、行動することで、これまでの限界を超え、一気にブレイクスルーできることが多々あるのです。その結果、より高い次元に飛躍することができるのです。

このことは、本田技研工業（ホンダ）の創業者・本田宗一郎氏もおっしゃっていたようで、彼の言葉に**「創意工夫とは、苦し紛れの知恵である」**というのがあると、以前、福島民友新聞社の五阿弥宏安社長さんから教えていただきました。

この言葉を知ったとき、「人は崖っぷちに立たされたときに、もっとも力を発揮できる」という持論への強力な助っ人を得られた気がしてうれしくなったものです。

そして、崖っぷちに立たせることは、その人自身の成長をも促すと私は考えています。というより、**崖っぷちに立たされたときにこそ、人はもっとも成長する**のではないでしょうか。

そうした考えがあるゆえに、私は人を育てるにあたり、「崖っぷちに立たせる」ことを重要視し、新人研修においても意識してそうした状況をつくるようにしています。

さらに、「崖っぷちに立たせる」ための具体的な方法も用意しています。それが次の3つです。

①可能なレベルでの「大きな場」を与える
②「自分で対処しなければならない状況」に追い込む
③「締切」を設ける

これらの3つの要素を、できるだけ各研修に入れ込むようにしているのですが、それぞれについての詳しい内容は次項で解説していきます。

社員を「崖っぷち」に立たせる3つの工夫

可能なレベルでの「大きな場」を与える

まず、①の「可能なレベルでの『大きな場』を与える」から見ていきましょう。

たとえば、ラジオＤＪをするように言われた場合、「リスナーは社員だけ」というのと、「地元の不特定多数の人が聴いている」というのとでは、たぶん、後者のほうがより緊張するのではないでしょうか。

また、プレゼンテーションをするにしても、「社内の会議で」よりも、「地元のさまざまな企業が集まる会合で」といったほうが、「しっかりやらねば！」という思いが強くなると思います。

このように、研修として「設定された場」が大きければ大きいほど、そこでパフォーマンスする際のプレッシャーは大きくなります。

そして、人間というのは面白いもので、「与えられた場」に合わせた人間になろうとする傾向があります。その人にとって余裕でこなせるレベルの場だったら、それ以上の努力はしない、となりがちです。一方、**多少背伸びをしなければならないレベルの場であれば、そこにふさわしい人間になろうと努力する**ものです。

だからこそ、アポロガスの研修では、新入社員の「もうひと頑張り」を引き出すために、彼らがある程度努力すれば対応可能なレベルで「大きな場」を与えるようにしているのです。

地元のFMラジオ局でのDJしかり、経営者が集まる会合でのスピーチしかりです。

ただし、ここで注意しなければならないのが、「大きな場」といっても、新入社員にとって「可能なレベルで」ということです。

つまり、彼らの現在の能力よりはるかに高いレベルを求められる場を与えてしまうと、逆にプレッシャーが強すぎて、「無理です」とあきらめてしまう可能性もあります。

そのため、場を設定する側には、彼らの現在のレベルを見極める目が求められます。といっても難しく考える必要はなく、彼らの達成具合を見ながら、そのつどレベルを調整していけばいいと思います。

「自分で対処しなければならない状況」に追い込む

②の「自分で対処しなければならない状況」とは、その社員の「代わり」は存在せず、その**当事者として対応しなければいけない状況**のことです。
通常の業務であれば、上司や先輩、同僚との情報共有ができているわけですから、困ったときには助けてもらうこともある程度可能です。

一方、研修の場合、情報共有をしているのは新入社員同士と社長だけというのがほとんどです。なので、新入社員は自分に課せられた課題に自力で対処していかなければなりません。

たとえば、ラジオＤＪ研修では、**「1年間で、ファンレターをひとり100通以上集めること」というミッション**も課します。

新入社員はたいてい、ラジオでパーソナリティーをしていれば、ファンレターは自然に来るものだと思っています。ところが、現実は違います。何もしなければ、１通も来やしません。

そのことに、数カ月もすると気がつきます。例年、そこで彼らのスイッチがオンになります。

「ファンレターをもらうには、何をしたらいいんだろう？」「どうしたら１００通も集められるんだろう」と、自分の頭で考え始めるのです。そして、家族や友人、さらには外まわり等で出会った人などにお願いしてまわったりなど、具体的な行動に出るようになります。

その結果、これまで20名くらいの社員がこのミッションを経験していますが、全員が１００通を集めることができました。２０１7年度の社員に至っては、自ら「私は過去最高の５００通を集めます！」と宣言してしまったがゆえに、いろいろな壁にぶつかりながらも見事623通・新入社員4人の合計では1012通のファンレターをもらうことができました（裏話をすると、この数には私も多少貢献していますが……）。

社会に出たばかりの新入社員にとって、「自分で対処しなければならない」というのはかなりしんどいと思います。ただ、悩んだり、苦しんだり、恥ずかしい思いをしたりしながら、なんとか自分で対処できたときの達成感たるや相当なものでしょう。

そして、その**達成感が、「自分にもできる」という大きな自信や心の強さにつながっていく**と私は考えています。

「締切」を設ける

最後に③の「締切」を設けるとは、その言葉の通り、「いつまでにやってね」と、つねに締切を設定しておく、ということです。

たとえば、ラジオDJであれば、毎週、放送日時は決まっており、それに間に合うようにあらゆる準備をしなければなりません。また、放送時間も「10分」と決まっていますから、そこに収まるように進行していく必要もあります。

また、研修では公の場でのプレゼンテーションや講師の役目をしばしば行ってもらうのですが、その場合も「○月○日の本番までに準備しなければいけない」と決まっています。

こうした「締切」がある以上、新入社員は逃げられません。つまり、崖っぷちに立たされるわけです。そして、その締切に何とか間に合わせようと、あれこれと知恵を絞り、実現に向けて行動します。

こんな具合に、締切という**「時間のプレッシャー」を与えることで、考え、行動せざるを得ない状況をつくっていく**のです。

なお、ここで誤解のないようにお伝えしておきますが、研修において崖っぷちに立たせることは重要ですが、**崖っぷちから決して落としてはいけません。**

「獅子の子落とし」の諺のように、崖から落として、「自力で這い上がってこい！」

なんて無茶なことを研修でさせてはいけないと私は考えています。

人の成長に「負荷」は欠かせませんが、それをかけすぎるのは逆に成長を妨げてしまいかねません。

そして、ここに挙げた3つの要素も、やり方を間違えると、「崖っぷちから落とす」となります。ハードルが高すぎたり、追い詰めすぎたりすると、逆に「無理です」というあきらめ感だったり、「自分はダメなんだ」という劣等感などを引き出してしまいかねません。

そうした事態を避けるためにも、崖っぷちを与えつつも、大丈夫そうかを監督者はつねに見守ってあげる必要があります。また、本当に行き詰っていたら、解決のためのヒントを与えることも大切です。

つまり、**崖っぷちに立たせるためには、それなりのフォロー体制も準備しておくことも重要**なのです（フォロー体制については、第3章で紹介します）。

「会社の価値観」を身につける

新入社員研修のもうひとつの目的

アポロガスが新入社員に研修を通じて「学んでほしいこと」は、じつは「自分の頭で考え、行動する」という習慣だけではありません。もうひとつあります。

それは、「人の生きる目的は、まわりの人を幸せにすること」という、**会社の価値観を、頭だけでなく心にもしっかりと刻んでもらう**、ということです。

じつは、この価値観に「共感できる人」というのが、アポロガスの入社の条件になっています。つまり、アポロガスに入社する人（中途採用&新卒採用）は全員、この条件に「イエス」と言ってくれた人たちなのです。

そして、新人研修は、この価値観を繰り返し体感してもらい、しっかりと体に染み込ませてもらう機会でもあるのです。

そのために研修では、事あるごとに「それは、まわりの人を幸せにしますか？」という問いかけを行っています。そうすることで、いまの自分の行動が、人を幸せにすることにつながっているかを考えるクセをつけることができます。

実際、単にお金を稼ぐ手段として仕事をしているのと、「どうしたらお客さまに喜んでもらえるだろう」とつねに考えながら仕事をしているのとでは、その行動はまったく異なりますからね。

また、新入社員たちは、研修中、崖っぷちに立たされた際、まわりの先輩などから助けてもらったり、気にかけてもらったり、温かい言葉をもらったりといった経験も数多くします。このこともまた、「まわりの人を幸せにする」という価値観を体感するいい機会になっているようです。

なぜなら、そうした人のやさしさに触れることで、感謝する気持ちが自然と出てきたり、相手を思いやる心に気づかされたりするからです。

そうした体験の積み重ねによって、自らも「まわりの人を幸せにする」という行動が自然ととれるようになっていくと私は考えています。

研修は会社のＤＮＡをしっかり伝える機会

「ノブレス・オブリージュ」という考え方があります。これは、フランスを起源にする道徳観で、身分の高い人はそれに応じた社会的な責任を果たす義務があるという考え方です。

アポロガスは決して「身分の高い人」ではありませんが、ガスをはじめとしたさまざまなエネルギーを供給し、地元のライフラインを支える一役を担っているという自負はあります。

その自負を持って、「ノブレス・オブリージュ」の精神で日々の仕事に取り組む。これはチャレンジ精神と並んで、創業以来アポロガスが大事にしてきたことです。

研修は、こうした、言ってみれば会社のＤＮＡといえるものを新入社員たちにしっかり伝える絶好の機会でもあるのです。

計画的偶発性人財育成戦略

「計画的偶発性人財育成戦略」5つの柱

アポロガスの研修メニューのほとんどは私や新入社員たちが考えたものであり、言ってみれば、アポロガスのオリジナルです。

しかも、きちんと体系立ててつくっていったものではなく、その多くは、お恥ずかしながら、「これは新入社員にとって、学びの機会になる」と、その場の思いつきで研修化していったものです（12ページの一覧をご覧いただくと、そのあたりは納得されるかと思います）。

ただし、もちろん、これまで述べてきたように、研修をする「目的」は明確です。

そして、それらを実現するために、日々起こるさまざまな出来事を「研修」の機会として活用していっている、といったほうがいいかもしれません。

そんな具合に、主に私の「感覚」で行っている部分が大きかったアポロガスの研修ですが、キャリア教育を研究している専門家が**「計画的偶発性人財育成戦略」と命名し、体系化**してくれました。

それによると、アポロガスの研修の肝は、次の「5つの柱」だというのです。

①「面白そう！」で、最初の一歩を踏み出させる
②研修の目的を最初に伝え、アンテナを立てさせる
③どんどん問いかけ、考えさせ続ける
④言語化・アウトプットによって、学びを整理し、定着させる
⑤たくさんの研修を連続して、継続的に行う

なるほど、たしかに指摘されればその通りです。

アポロガスの研修の基本的な構成は、研修本体＋論文・レポート提出ですが、あらためてそこで何を行っているのかを考えてみると、これら5つの柱なのです。

そして、その中で、「自分の頭で考え、行動する習慣を身につける」や、「アポロガスの価値観を心に刻みつける」といったことを、新人社員たちに徹底的に実践してもらっているわけです（これらの具体的な内容については、次項以降で、それぞれ解説していきます）。

スタンフォード大教授のキャリア理論との一致

ちなみに、専門家が命名してくれた「計画的偶発性人財育成戦略」には、元ネタがあるそうです。それは、**アメリカ・スタンフォード大学のジョン・D・クランボルツ教授が提唱したキャリア理論、「計画的偶発性理論」**（Planned Happenstance Theory）。

クランボルツ教授は、**「個人のキャリアの8割は、予想しない偶然の出来事によって決定される」として、それゆえにあらかじめ綿密なキャリアプランを立てるのは非**

計画的偶発性人財育成戦略

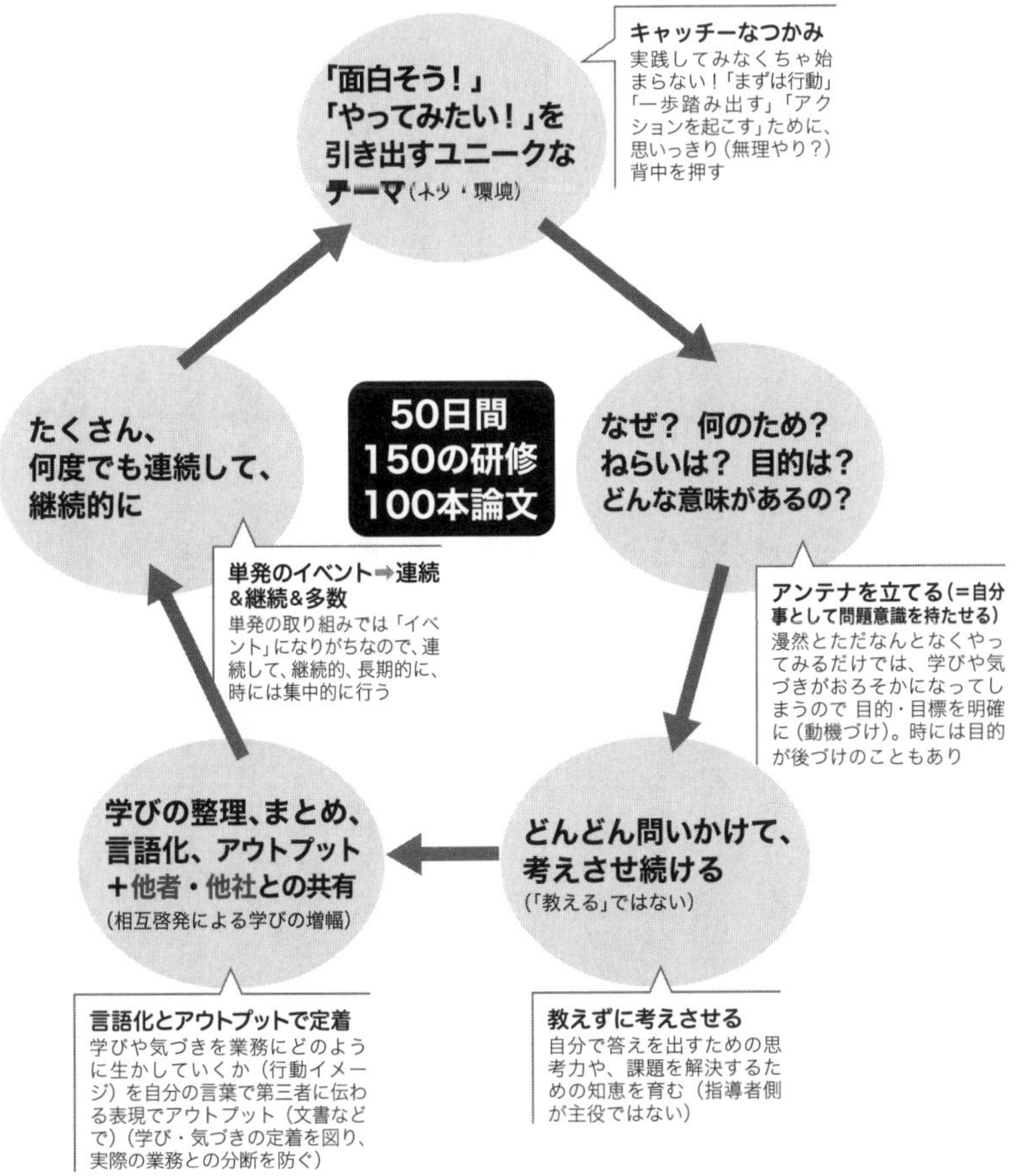
「面白そう！」
「やってみたい！」を
引き出すユニークな
テーマ（ネタ・環境）
キャッチーなつかみ
実践してみなくちゃ始まらない！「まずは行動」「一歩踏み出す」「アクションを起こす」ために、思いっきり（無理やり？）背中を押す
なぜ？ 何のため？
ねらいは？ 目的は？
どんな意味があるの？
アンテナを立てる（＝自分事として問題意識を持たせる）
漫然とただなんとなくやってみるだけでは、学びや気づきがおろそかになってしまうので 目的・目標を明確に（動機づけ）。時には目的が後づけのこともあり
どんどん問いかけて、
考えさせ続ける
（「教える」ではない）
教えずに考えさせる
自分で答えを出すための思考力や、課題を解決するための知恵を育む（指導者側が主役ではない）
学びの整理、まとめ、
言語化、アウトプット
＋他者・他社との共有
（相互啓発による学びの増幅）
言語化とアウトプットで定着
学びや気づきを業務にどのように生かしていくか（行動イメージ）を自分の言葉で第三者に伝わる表現でアウトプット（文書などで）（学び・気づきの定着を図り、実際の業務との分断を防ぐ）
たくさん、
何度でも連続して、
継続的に
単発のイベント➡連続&継続&多数
単発の取り組みでは「イベント」になりがちなので、連続して、継続的、長期的に、時には集中的に行う
50日間
150の研修
100本論文

現実的で、それよりも偶然の出来事を積極的に自分のキャリア形成に活かしていったほうがいいとしています。

さらに、そうした**偶然を呼び込むには、そのための種まきを続けることも重要で、それを通じて自分のキャリアを築くという戦略をとる**ことを勧めているのが、「計画的偶発性理論」です。

専門家の方は、この**「計画的偶発性理論」を無意識に実践しているのがアポロガスの研修**だとおっしゃいます。

つまり、あらかじめ準備された研修というよりも、「学びがあれば、すべて研修」という大前提のもと、日々のさまざまな出来事を「研修化」し、社員の成長を促していくという点で、「計画的偶発性理論」を自然と実践しているというのです。

言われてみれば、その通りかもしれません。そして、私としても、社員たちには、「学びがあれば、すべて研修」の感覚を体に染み込ませ、つねに学ぶ姿勢を持った人間に育っていってもらえたらと思っています。

「面白そう！」で、最初の一歩を踏み出させる

本人の行動を引き出す、究極の方法とは？

ここからは、前項で述べたアポロガスの研修の「5つの柱」について、具体的に解説していきます。

まず、①の「『面白そう！』で、最初の一歩を踏み出させる」からです。

先ほどアポロガスの研修ではいろいろな「未知の体験」に挑戦してもらうと述べました。そのために、座学の研修と違って、新入社員は自分でどんどん行動していかなければなりません。

もともと何事にも躊躇なく挑戦できるタイプであればそれも可能ですが、全員がそ

ういうタイプなわけではありません。そのため、新入社員全員の行動を促すには、ある程度、こちらがドンっと背中を押してあげる必要があります。

そのための仕掛けとして私が意識しているのが、「新入社員たちが面白がってくれる」という基準で研修内容を決める、です。

本人が「面白そう！」「やってみたい！」と思えることほど、行動を引き出せるエネルギーはないと思います。また、第3章でも述べますが、これはモチベーションの維持にも効果的です（164ページ参照）。

ただ、それは正直、決して簡単なことではありません。私自身、日夜、アンテナを張り巡らせて、「どうすれば面白くなるか」と探ってきた感じです。そのせいか、どこに行っても、誰と会っても、「（ここで、もしくはこの人たちと）何か面白いことができないだろうか」と考えるのがクセになってしまいました。

また、新入社員たちに興味を持ってもらえるよう、研修のネーミングについても、キャッチーなものになるよう工夫しています（私なりに、ですが）。

研修の目的を最初に伝え、アンテナを立てさせる

研修後の論文・レポートのテーマを事前に伝える

次に②の「研修の目的を最初に伝え、アンテナを立てさせる」について見ていきましょう。

アポロガスの研修では、前述した通り、各研修に付随して必ず論文やレポートを課しています（どれもA４サイズ１枚程度）。しかも、それぞれかっちりとテーマを決め、それを研修前に伝えます。

たとえば、内定後、初めての研修となる**「着ぐるみ研修」**（66ページ参照）では、**「着ぐるみ研修における人財育成の本質とアポロガスの人事戦略について」**という論文を課します。毎年、クリスマスのシーズンに行う**「養護学校クリスマス・トナカイ研修」**

（トナカイの着ぐるみを着て、養護学校の生徒さんたちと交流する研修）での論文のテーマは、**「クリスマスなりきりトナカイとノブレス・オブリージュとローマ人の物語」**です。

２０１７年度に、福島・郡山の老舗和菓子メーカー、柏屋さんとのコラボレーションで実施させていただいた**「柏屋饅頭プロジェクト研修」**（柏屋さんの看板商品「薄皮饅頭」の新しい食べ方を提案する研修）では、**「AIーシンギュラリティ時代における１００年企業の作り方とアポロガスの人財育成＝少子高齢化・人口減少社会、そして加速する若者の首都圏集中の流れ、その中での地方企業としあわせな生き方」**というテーマを事前に伝えておきました。

研修で得られる学びの質が変わる

じつは、この「テーマを事前に伝える」というのが、論文やレポートの課題を課す場合の、ひとつのミソとなります。

というのも、その研修で学ぶことの「テーマ」をあらかじめ明確にすることで、それに合わせてしっかりとアンテナを立てた状態で研修に臨んでもらうことができるからです。

アンテナが立っていると、人はいろいろなことに気づきます。みなさんもそうした経験はあると思います。たとえば、「そろそろダイエットしなければな〜」と思うと、やたらとダイエット情報が目につくようになったり……。

そのため、同じ研修をするのでも、アンテナが立っているのと、そうでないのとでは、**そこから得られる学びは雲泥の差**になります。

たとえば、着ぐるみの研修において、とくにテーマを与えず、「終了後に、その感想を書いてね」では、「暑くてしんどかった」とか、「子どもたちと触れ合えて楽しかった」といった内容止まりの可能性があります。

一方、「人財育成の本質とアポロガスの人事戦略について書いて」と、事前に論文のテーマを明確に伝えておくと、研修中もそこに意識がフォーカスされます。そして、それに合った論文を書いてきます。その論文には、与えられたテーマに合わせた彼らのさまざまな気づきが散りばめられており、「よくぞこんなことに気づいたな」と感心させられることしきりです。

ちなみに、せっかくアンテナを立ててもらうチャンスなのですから、「テーマ」についてては、その研修を通して考えてもらいたいことを選びます。

その意味で、研修をする側はつねに**「何のためにこの研修をするのか?」を自問自答する作業が求められる**し、またそのいい機会になると思います。

どんどん問いかけ、考えさせ続ける

問いがあることで考え始める

次に、③の「どんどん問いかけ、考えさせ続ける」についてです。「研修」というと、「教える」というイメージが強いかもしれませんが、アポロガスでは、社員一人ひとりが「考える」ことに重きを置いています。

効率からいえば、研修で「こういう場合は、こうしなさい」と教えたほうが早いのでしょう。しかし、それではこちらからの押し付けになってしまい、肝心の「考える」という作業を彼らから奪ってしまいます。そして、人から与えられたものでは、その場ではうまくいっても、実際には身につかないことが多々あります。

本当の意味で学びを得るには、たとえ時間がかかったとしても、やはり「自分で考えること」だと思います。

なので、アポロガスの研修では社員たちに「自分で考える」を徹底的に行ってもらうのです。

ただ、社会人経験がほぼゼロの新入社員に「自分で考えろ」といっても限界があります。

多くの場合、20代前半では経験値がまだ圧倒的に少ないといえますので、限られた範囲であれこれと考えることになりがちです。「気づく」といっても、自分の枠をなかなか超えることはできないでしょう。

また、自分ひとりで考えていれば、独りよがりの思考に陥ってしまう危険性もあります（これは新入社員に限らず、経験を積んだ人でも陥ってしまうワナでもあります）。

そのため、「自分で考えろ」とただ放っておくのでは、学べることも限られてしまいますし、下手をすれば思考が誤った方向に向かってしまいかねません。

そうした事態を避けるために、私が積極的に行っているのが、**「問いかけ」**です。

「これは何のためにするのか、わかるかい？」「このとき、何をしなければいけないか、わかるかい？」など、事あるごとに問いかけを行い、**彼らが適切な思考をできるように促していっている**のです。

実際、私たちが何かを「考える」のは、「問い」があるからではないでしょうか。テストなどはその最たるもので、「問い」が目の前にあるから、その「正解」を得るためにあれやこれやと考えるわけです。

一方、「問い」がなければ、人はなかなか「考える」モードには入れません。たとえ目や耳、鼻などの五感で察知しても、そのままスルーしてしまいがちです。

だからこそ、研修では彼らにどんどん問いかけていき、「考える」ことを促していくようにしているのです。

また、問いかけには、**「相手が頭を整理していくのをサポートする」**という効果もあります。

研修中のさまざまな経験で数多くの気づきがあっても、自分ではそれらをまとめることができず、頭の中でグチャグチャ状態になっていることも少なくありません。とくに、経験の浅い若者の場合、そうなってしまいがちです。

そんなとき、問いかけをもらうことで、頭の中を整理していくことができます。たとえば、人に相談ごとなどをしているうちに、だんだん自分の中で解決方法が見えてきたりしますよね。問いかけには、それと似た効果があると私は考えるのです。

時間をかけて忍耐強く問いかけ続ける

ちなみに、研修での「問いかけ」は、「問いかければ何でもいい」わけではありません。とくに研修では、ある程度、「こういうことを考えてもらいたい」という方向性があります。

そこで私自身が心がけているのが、それぞれの研修で社員に考えてほしいことに焦点を当てて問いかける、ということです。そして、**彼ら自身が「自分は何をすればいいのか」という具体的な行動に気づくまで、時間をかけて問いかけていく**、ということです。

ご参考までに、2017年度に行った研修に「合同入社式の目的を考える研修」での問いかけ例をご紹介しましょう（紙面の都合で多少の省略があることはご了承ください）。

合同入社式というのは、地域の中小企業で合同してその年度の入社式をやろうというものなのですが、それに参加するにあたって、その目的を考えてもらう研修を実施することにしました。

そこでまず私が社員たちに問いかけたのが、「今度、合同入社式があるよね。ここで何をしないといけないか、わかるかい？」。

そのときの答えは、「わからないんですけど……」でした。

そこで、さらに問いかけます。

「じゃあ、新入社員が1年間、やらなければならないことって何だっけ?」

「えっと、ラジオＤＪ研修です」

「その中で一番大変なのは何だと思う?」


この問いかけに社員たちはいろいろ意見を出し合い、結局のところ「出演してくれる人をどうやって見つければいいか」という答えが出てきました。

そこで、すかさず私が「じゃあ、出演する人って、どういう人だい?」と問いかけます。


「地元企業の入社1年目から3年目までの若い社員です」

「そうだよね。じゃあ、そういう人を見つけるのには、どうしたらいいと思う?」

「若い社員が集まるイベントなどでお願いするのがいいかもしれません」

「じゃあ、そういう人が集まるのって、どういうときだい?」

「たとえば、合同入社式とか、合同での新人研修のときなどです」

「そしたら、合同入社式のときに何をしたらいいと思う？」
「新入社員の人に声をかけて、ラジオの出演を依頼することです」

いかがでしょうか。

こんな具合にどんどんと問いかけていき、そのたびに社員たちに考えることを促していきます。また、彼らの思考があさっての方向に行きそうになるときもあります。その場合は、ヒントを与えて軌道修正をしていきます。

こうした「問いかけ」の作業はやはり時間がかかります。見当違いな返答に、イライラすることもあるでしょう。しかし、ここは忍耐です。決してこちらから答えを押しつけてはいけません。「問いかけ」が「問い詰め」になってしまってもいけません。

研修を行う側は、忍耐強く問いかけ続けることが求められます。

そうした問いかけを通じて、確実に彼らは自分の頭を使って自分の答えを見つけていくことができるのです。

言語化・アウトプットによって、学びを整理し、定着させる

学んだことをもう一度再現してみる

次に、④の「言語化・アウトプットによって、学びを整理し、定着させる」についてです。

学んだことは定着させなくては意味がありません。研修やセミナー、講演会等に参加して、「いい話を聞けたな～」というだけでは、ほとんどの場合、1週間もしないうちに忘れてしまうのがオチです。つまり、学びとして定着できていない状態です。

これでは何も身につきませんし、学びによって自分がいい方向に変容することもありません。

私自身、これまでの人生経験で実感しているのは、学びを定着させるには、頭で内

容を理解するだけでなく、**手足を動かしたり、口を動かしたりなど、五感も含めて全身を使って学んだことをもう一度再現してみる**ことが欠かせないと思います。

たとえば、講演会ですばらしい話を聴き、そこで学んだことを自分の人生に活かしていきたいと思ったら、後からその内容をノート等に書き出し、それを事あるごとに読み返し、ときには声に出して読んだりしてみることが大切です。また、家族や友人などに、その内容を話して聴かせることも、学びを確実に定着させることにつながります。

こんな具合に、自分の体を使って行動していくことで、学びを定着させていくことができるのだと私は考えるのです。

そして、アポロガスの研修でもそれを、**「研修後の論文・レポートの提出」**という形で実践しています。

ここでは、前述したように、事前にテーマを与えて、それに沿った形でそれぞれの研修で学んだことを言語化し、アウトプットしていってもらうのです。

論文の場合はA4サイズ1枚程度にまとめてもらいます（毎年10本程度）。レポートの場合、「研修日報」のような形で簡単にまとめてもらう場合もあれば、「形式は自由」として、それぞれ好きにまとめてもらう場合もあります。

後から言語化し、アウトプットすることで、それぞれの研修で学んだことを反芻し、再現していくことができます。そして、それにより学んだことを忘れずに、体や頭にインプットしていくことができます。

また、「書く」という行為には、**頭を整理していく、という効果**も期待できます。

みなさんも、頭の中でモヤモヤしていることをノートなどにつらつら書き出していくことで、だんだんと頭が整理されていったという経験はあるのではないでしょうか。「書くこと」にはそうした効果が期待できるのです。

アウトプットを自分以外の人にも見てもらう効果

さらにこれらの論文やレポートは提出後、私が読んだり、新入社員が複数いる場合は、メンバー間で見せ合ったりします。場合によっては社内報に掲載することもありますし、私が講演等で社外の人に紹介することもあります。

そんな具合に、自分以外の人の目に何度も触れる機会があるため、他人にわかるように書いていくことが求められます。その結果、文章をまとめる技術や人に伝える技術といったスキルを磨いていくことができます。

こうしたスキルは、実務をスタートしてから大いに役立ちますから、研修を通じて入社前後のこの時期にしっかり身につけておくことは非常に価値のあることだと私は考えています。

こうした形で、「外に向かって公表すること」から得られる効果はこれだけではありません。これは、「他の人の論文やレポートを読める」ということですから、それを通して、**自分では気づかなかったことに気づける**チャンスともなります。

同じ体験をしても、何に気づくかは人それぞれです。これは逆の見方をすると、同じ体験でも自分だけでは気づけないこともたくさんある、ということです。

論文やレポートを見せ合うことで、そうした気づきを共有できます。その結果、「自分は気がつかなかったけど、ここにこうした学びがあったのか」など、**自分のものの見方を広げてくれる**チャンスになります。

このように、論文やレポートによる言語化・アウトプットの作業は、「一粒で二度おいしい」どころか、三度も四度も五度もおいしいのです。

たくさんの研修を連続して、継続的に行う

私が研修メニューの「数」にこだわる理由

最後に、⑤の「たくさんの研修を連続して、継続的に行う」です。

私がアポロガスの新人研修をスタートする際にとくに意識したのが、「数をそろえる」ということでした。その結果、現在、アポロガスの新人研修のメニューは平均で30個、多い年度では150個となっています。

なぜ「数」にこだわったのかというと、それなりの研修メニューをそろえていないと、「単発のイベント」となってしまう可能性があるからです。

とりわけ、アポロガスの新人研修の場合、業務に関連しない内容のものがほとんどです。そのため、数が少ないと次の研修までの期間が空いてしまい、1回終わるごと

に、「ああ、頑張ったね」と達成感を得るだけのイベントで終わってしまいかねません。これでは、本来の研修の目的である「自分の頭で考え、行動する」人材を育てていくことはできません。

きちんと人づくりのための「研修」として機能させるには、研修メニューの数をそろえ、1回終わったら、間を置かずに次の研修に取り組むという流れをつくっていく必要があります。そうすることで、新入社員たちは、内定後の10月から入社後1カ月半という研修期間中、「研修本体＋論文・レポート提出」という流れを継続的に繰返すことになるのです。

そして、この「数をそろえる」には、「単発のイベント化させない」というだけでなく、思わぬ効果もありました。

それは、次々と連続して研修に取り組むことで、次第に新入社員たちにとって研修に対するハードルがどんどん下がっていったのです。それについては、第3章であらためて述べます（162ページ参照）。

「研修」の材料は至るところに転がっている

学びがあれば、すべて研修

先ほども述べましたが、私は「学びがあれば、すべて研修」と考えています。そして、そうした気持ちで会社生活を送っていると、「研修」のネタは日々の経験の至るところに転がっていることに気づきます。

それを**パッとつかんで「研修化」してしまう**。アポロガスの研修メニューの多くはそんな具合に生み出されることがほとんどで、日々の業務や社内で起こった出来事などが「研修」として徹底的に活用されています。それゆえに「お金をかけない研修」が実現できているともいえるのですが……。

さらに最近では、クレームなど社内で起こった「事件」が、急遽、「研修」に様変わりすることもしばしばあります（2017年度の研修数が150にもなったのも、こうしたことが一因だったりします）。

ここでその一例をご紹介しましょう。

いまでは、**「横断歩道事件反省論文」**というネーミングになっている研修です（2017年度）。

「横断歩道事件反省論文」研修とは

アポロガス本社の道路を挟んだ向かい側にスーパーがあり、研修期間中、4人の新入社員たちがそこに昼の弁当を買いに行ったときのことです。ちょっと行くと横断歩道があるのですが、このとき彼らはそこを通らず、会社の目の前からまっすぐ横切ってしまいました。そのほうが近道だからです。

その後、1本の電話がかかってきました。小学校1年生のお子さんを持つお母さんからで、「子どもが、『小学校での交通安全教室では、横断歩道を渡りなさいって言っていたけど、なんであのお兄ちゃんとお姉ちゃんたちは横断歩道を渡らないの？』」と尋ねられた」とおっしゃるのです。

電話応対した社員からその報告を受けた私は、さっそく「これは研修になる」と感じました。そこですぐに新入社員を集めて、このお母さんからの電話の録音を聞かせることにしたのです（当社では、業務上の必要性から、お客さまとの通話を録音しています）。

偶然にも、その日は午前中に元チアリーダーの方を講師としてお招きし、「地域のロールモデル（手本・模範）を考える」という研修をしていただいたところでした。にもかかわらず、地域の方からこうしたクレームのお電話をいただいてしまったわけです。

そこで私は新入社員たちに、「これ、どうしたらいい？」と問いかけました。すると、新入社員のひとりから「これからは、横断歩道を渡ります」という答えが返ってきました。

たしかにその通りですが、「元気エネルギー供給企業」の社員ならば、もう一歩踏み込んでほしい。そこで私は問いかけを続けました。

「それはそうだけど、いまがどういう状態かわかるかい？　小学校1年生の子どもが、『大人はルールを守らなくてもいいんだ』と思うようになってしまっているんだよ。それに対して、アポロガスの社員としてどうしたらいいんだろう？」

それからしばらく新入社員たちに時間を与えて、話し合わせました。その結果、出てきたのが、「そのお子さんが通っている小学校がどこかわからないので、近所にあるいくつかの小学校を訪問して謝罪してきます」という解決方法。

私はこの答えを聞いてうれしくなりました。彼らのこの行動は「大人も間違いをしたらきちんと謝る」ということを、後姿で子どもたちに伝えることができます。まさに、この日の研修で学んだ「地域のロールモデルになる」を実践できるチャンスです。

そこで、翌日までに「横断歩道事件反省論文」という論文を書かせて、それを持って新入社員たちと私とで近所のいくつかの小学校を訪ね、校長先生たちに謝罪しにいくことにしました。

これにはどの校長先生も驚かれたようで、なかには新入社員が書いた論文を「これは新任教師のテキストにします」と言ってくださった方もいらっしゃいました。もともとの発端が弊社の新入社員の交通ルール違反なので、この申し出に私としては、ありがたいやら、恥ずかしいやらでしたが……。

この経験は、新入社員たちにとって、地域に「元気エネルギー」を供給する企業の一員として、自分たちが担うべき役割というものを考えるいい機会になったのではないでしょうか。

こんな具合に、日常の至るところに研修のネタは転がっています。「そんなものでも研修になるんだろうか？」なんて迷う必要はありません。「学びがあれば、すべて研修」と、気軽に研修化してみてはいかがでしょうか。

「振り返りの時間」で、学んだことを再確認する

日々の学びを意識できる

じつは、私たちは日々の業務を通して、数多くの気づきや学びを得ています。というより、「仕事をする」ということは、そうした気づきや学びの連続ではないでしょうか。

ところが、それがなかなかその人の成長につながらないというジレンマがあります。その理由は、そうした**気づきや学びを、なかなか本人が意識化できない**ことが大きいのではないかと思います。

学んだことは、意識化し、かつそれを言語化し、アウトプットして再現しなければ、なかなか「学び」としてインプットされません。だからこそ、アポロガスの研修では、

研修後に論文やレポートを課し、学んだことの言語化・アウトプットをしてもらっているのです。

また、たとえインプットできても、それを繰り返し再現しなければ、本当の意味での学びの定着にはつながりません。時間とともに忘れてしまう可能性があるのです。

では、学びを確実に定着させるには、どうしたらいいのか。

正直、アポロガスの研修ではまだその仕組みがつくれていません。ただ、2017年度に1回だけ試みたのが、**「研修を振り返る研修」**です（正式なネーミングは、「研修を100個にする研修」）。

ここでは、内定後以降、研修や会社でのさまざまな経験を振り返り、「このときに、こういう学びがあった」というものを出し合い、研修の数を100個にするということを行ってもらいました。

研修その他のことを振り返ってもらうことで、それらの**記憶を強化して、そこで学んだことを確実に定着させてもらおう**と思ったわけです。

すると、出るわ出るわで、余談ですが、2017年度の研修数が150にもなったのは、この「振り返り」の時間が大きかったと思います。

そのほか、この「振り返り研修」では、他のメンバーのアウトプットに耳を傾けることで、自分では気づかなかった学びを共有できる効果もあったようです。言ってみれば、新たな学びの機会にもなるわけです。

先述した通り、この「振り返り研修」は1回しか実施したことがないのであまり偉そうなことはいえないのですが、これは、日々の学びを意識化してもらうのにとても効果があると思います。なので、あえてご紹介させていただきました。

今後の自分たちの課題という意味も含めて、こうした**振り返りの時間を習慣化していくことは、「つねに学び続ける人材」を育てていくのに有効**だと感じています。

地域や社会にも育ててもらう

地域の目を活用する

アポロガスの「人づくり」では、新卒社員を採用するようになってからは「研修」にも力を入れるようになっていますが、それ以前から私自身が意識しているのが、「地域や社会に育ててもらう」ということです。

アポロガスの場合、これまでずっとこうした「他力本願」で、人づくりをしてきたように思います。とりわけ私が社長になってからは、意識的に他力本願の人づくりを実施してきました。

これには、「自社の大事な人づくりを、他人に頼るとは何事か！」と眉を顰める方もあるかもしれません。しかし私は、人づくりはある程度、「他力本願」でもいいと考えています。

というのも、私自身、多くの方々に助けられてここまでやって来られたという思いがあるからです。

また、アポロガスの場合、他力本願にならざるを得ない事情もあります。それは、アポロガスの社内だけでは、まだまだ人を育てられるだけの余力がないからです。これは正直に認めざるを得ません。

そもそもグループ全体で社員数70人という小さな会社です。社員はみな自分の業務に忙しく、必要なスキルを身につけてもらうのには、実際の仕事を通じて学ぶＯＪＴ(On-The-Job Training)に頼らざるを得ないのです。

だからこそ、私はアポロガスの人づくりでは、あえて「地域や社会に育ててもらう」という方法も取り入れさせてもらっているのです。

具体的にどうしているのかというと、「お天道様が見ている」ではないですが、**地域や社会の人たちのアポロガスを見る「目」を活用**させてもらっています。

先ほど紹介した「横断歩道事件反省論文」は、まさに地域の方々のアポロガスを見る「目」を活用させていただいた典型例といえるでしょう。

このケースでは、お客さまからの1本の電話を学びの機会と捉えて、新入社員たちに、それに対してアポロガスの社員としてどう行動すべきかを考えてもらいました。そこで、彼らは近隣の小学校の校長先生たちに謝罪しにいくという解決策を出しました。そして、「横断歩道事件反省論文」持参で、実際に謝りにいきました。

彼らにとってこの体験は、「まわりの人を幸せにする」というアポロガスの価値観をリアルに経験するいい機会になったと思います。また、アポロガスの社員たるものは、「地域のロールモデル（手本）」としての振る舞いが求められることが身に沁みたことでしょう。

地域の声が「心の変化」を促す

実際、こうした地域や社会の「目」は、**社長の私が「ああしろ！」「こうしろ！」**

と口やかましく言うよりもはるかに効果があると、長年の経験から実感しています。

日々の業務の中で社員たちは、地域の方々から、注意をされたり、さまざま要望を言われたり、厳しいクレームを受けたりという経験をします。また、ときには感謝されることもあるでしょう。そうした経験の積み重ねを通じて、社員たちは「こうすることが大切なのだ」と本当の意味で腹落ちしていきます。

人の「行動」は、「心」の部分が変わらない限り、たいした変化は期待できないと思います。逆に、自分の中でしっかりと腹落ちし、それに合わせて心も変化していけば、行動も自ずと変化していきます。

地域や社会の人たちからの声には、社員たちにそうした「心の変化」を促す力があると私は考えているのです。そのためにも、そうした**「声」をしっかりキャッチし、社内全体で共有し、社員に考えてもらう。**

それが、経営者が果たすべき役割のひとつだと思っています。

「いい会社」のイメージが、社員の成長を促す

理想の姿を世の中に公表する

前項で、アポロガスでは「人づくり」に、地域や社会の「目」を活用させてもらっていると述べました。その効果をより高めるために、私が社長になってから積極的に取り組んでいることがあります。

それは、**「いい会社」というイメージづくり**です。

「いい会社」というイメージは、会社側の日々の行いを通じて知らず知らずのうちに世間で醸成されていく、というのが本来の流れかもしれません。もちろん、アポロガスではそうした流れも非常に大切にしています。

ただ、それだけでは時間がかかります。そこで、自分たちからも「私たちは『いい

会社』です」と積極的にアピールする、ということを行っています。

具体的には、**「自分たちはこうありたい」という理想の姿を、あたかもすでに実現しているかのように、世間に公表する**、という方法です。

たとえば、アポロガスには、社用車を運転する場合のルールとして、次の「気配り・無事故運転の7宣言」を定めています。

【気配り・無事故運転の7宣言】

①雨の日の水跳ね運転は、絶対しない
②信号のない横断歩道に、人が立っていたら必ず止まる
③点字ブロックの上に車は止めない
④運転中の喫煙禁止（＝くわえタバコはしない）
⑤運転中のスマホメール・携帯電話は絶対にしない
⑥業務中は当然、プライベートでも、〝運転中のポケモンGO厳禁〟
⑦よそ見運転の原因のテレビ（映像）の禁止

これはあくまでも会社が社員に求める運転マナーであり、実際、アポロガスの社員が100%これを達成できているわけではありません。それでもあえて、新聞やラジオなどの場を使わせてもらって、ことあるごとに、「アポロガスの社員はこういう運転マナーを実践しています」と公言させてもらっています。

そのおかげで、私の狙い通り（?）、アポロガスのドライバーへの地域の「目」は厳しくなっています。そして、実態とかい離があるわけですから、当然、地元の方々からクレームが寄せられることもあります。

そんなときは、私は経営者としての社員管理能力の欠如を猛省するとともに、このクレームを社内全体で共有し、当該の社員だけでなく社員全員に、解決策を自分事として考えてもらうようにしています。

また、ここ数年は、「おもてなし経営企業選」（経済産業省選・2013年）、「がんばる中小企業300社」（中小企業庁選・2013年）、「日経トップリーダー　人づくり大賞　優秀賞」（日経トップリーダー選・2016年）、「『日本でいちばん大切にしたい会社』大賞　審査委員会特別賞」（人を大切にする経営学会選・２０１７年）など、さまざまな賞をいただいています。

さらに、『ニッポン経営名鑑』（日経ＢＰ社）や、『日本でいちばん大切にしたい会社６』（あさ出版）、『日本のいい会社』（ミネルヴァ書房）、『帝国データバンク・地元の力を生かす「ご当地企業」ビッグデータで読み解く47都道府県』（中公新書ラクレ）、などの書籍でも、アポロガスについて取り上げてくださいました。

そうしたことも影響しているのか、世間からは「いい会社」として認知されることが多くなっていると感じます。

そのせいか、お客さまなどからクレームを頂戴する場合でも、**「アポロガスさんともあろう会社が」**とか、**「アポロガスさんらしくありません」**といった言葉がしばしば聞かれます。それだけ期待していただけるのはとてもありがたいのですが、実際のところ、そのレベルにまで到達していません。そして、だからこそ、そこでいただいた言葉は、会社にとって学び続けるための材料となります。

世間の方々が描く「アポロガス像」に近づくにはどうすればいいのか。ある意味、世間からのいいプレッシャーがあるおかげで、ここ数年、社員の間でもこうした意識が強くなっているように感じます。

期待が社員の自信を育てる

さらにいうならば、「いい会社」として認知されるようになったことが、社員それぞれの自信にもつながってきているようにも思います。

多くの人は、**相手から期待されると、その期待に応えたいと本能的に思う**のではないでしょうか。これは、先述したアポロガスの研修での「大きな場を与える」にも通じます（76ページ参照）。「あなたなら、これくらいできて当たり前」と言われると、多少の不安はあっても、多くの場合、その言葉にふさわしい行動をとるものです。

アポロガスの社員たちもまさにそうだと思います。**「自分は、世間が認めてくれる『いい会社』の一員なんだ」という自信が芽生え、それに見合った行動をとれるようになってきている**としばしば感じています。

着ぐるみ論文
着ぐるみ研修における人財育成の本質とアポロガスの人事戦略について

『研修を通して得られるものと人財育成の本質』

人財育成の本質とは「内定者自らが能動的に学び、実行する場を与える」ことだと考えることができる。内定者は指示されたことだけを受動的にこなすのではなく、自分でどうすべきか考えて能動的に行動することができるようになる。これからの社会人生活においても、周りの人をしあわせにするという目的のもとで、一体自分はどう行動すべきなのか、自分自身に日々ミッションを与えてクリアしていきたい。

『アポロガスの人事戦略』

一見仕事とは関係のないような研修も、「目的は何か考え、目的のためにどう行動し実行すべきか」ということを考えれば、身につくことも多くあるだろう。入社条件は「周りの人をしあわせにする」という価値観に共感できること。これがアポロガスで働く目的である。では、その目的を目指して自分はどんな風に行動すればいいのだろうか。アポロガスの人事戦略は、「大きな理想のもと、それを目指して考えて行動できる人」を自然と集めることだと思う。

『研修におけるミッション』

「見ている人が楽しんでしあわせな気持ちになること」が大切だという結論に至った。見ている人が楽しんでハッピーな気持ちになるためにすべきことはなんだろうか？と具体的に考えてみると、自分がどう行動すべきかわかってきて、もっとこうしてみようと考えることもでき、より良いものを目指そうと思えるようになった。

トナカイ論文
なりきりトナカイとノブレス・オブリージュ、ローマ人の物語

「ノブレス・オブリージュ」という言葉をご存知だろうか？

直訳すると「高貴さには義務が伴う」という意味であり、19世紀のフランスからこの思想が広がっていった。現在においても欧米社会では、身分の高いものはそれに応じて果たさねばならぬ社会的責任と義務があるといい、災害時などに多くの著名人が寄付や活動をしている。そしてこの思想をもとにアポログループの新入社員研修も行われていることがある。なぜ、昔の貴族が意識してきている思想を新入社員研修に取り入れているのか？それは、アポログループがこれからのリーダーを育てていくことと地域のロールモデルとなることを本気で目指しているからである。

アポログループの新入社員研修説明の前に、私が大学時代に取り組んできた、あるボランティア活動についてお話していきたいと思う。それは、「いるだけ支援」といい、実際に学

生が仮設住宅に住みながら、避難している住民の方々と共に生活をしていくことである。３か月間、同じ仮設住宅に住みながら、住民の方々とお茶会をしたり、体操をしたり、何か困りごとがあったら一緒になって行動したり、時には住民の方々に助けてもらうこともあった。なぜ私が、このいるだけ支援を行ったか、それは、２０１１年の東日本大震災が起こった時に、私たち若い人たちがなさなければならない事が必ずあるのではないかと感じたからである。今回のような大規模災害に於いて何よりも大事なことは、困っている人や悩んでいる人に対して、何かできることを周りの人たちが理屈ではなく率先して活動に移していくことが大事である、と私は感じた。生きていく中で様々な困難や岐路に立たされることがある。その中で優先して行うことを考え、それを実行に移し、継続していくことがとても大事であると思う。それは、良い人になりたいからや何か見返りがあるからというわけではなく、私の中で自然と出た流れであると感じる。私が感じたこの流れはこれからも大事に持ち続けていきたい。この支援を行ったことにより、率先して前に立ち行動していくことを意識していくようになった。

「ローマ人の物語」の作者である塩野七生さんは、「知性ではギリシャ人より劣り、体力ではケルト人やゲルマン人に劣り、経済力ではカルタゴ人より劣っていたローマ人が、ローマ帝国1000年を支えた根底にはノブレス・オブリージュがあった」ことを指摘している。ローマの貴族は実際に戦争が起これば、率先して最前方に立って戦い、公共の利益の為には貴重な財産を社会に提供していたという。国のリーダー格でもある貴族たちがノブレス・オブリージュの思想を行うことにより、ローマ帝国は他の面で劣りながらも国を1000年続かせることができたのである。リーダーが率先して思い考え、行動に移したからこそ、1000年という長く国が続くようになった要因であると思う。

地域のロールモデル化を目指し、これからのリーダーを育てていくを目指しているアポログループの新入社員研修も「ノブレス・オブリージュ」の考えを体感的経験で身につけていくために行っているものがある。その中の1つに大笹生養護学校での「トナカイの恰好をし、子どもたちにプレゼントを渡していく」というものがある。この研修は多くの子どもたちに触れ合い、子どもたちの笑顔を感じること、そしてアポログループが目指している地域のロールモデル化ということをより個人の中で意識付けしていくことを目的としていると私は考えた。

個人の中でロールモデルであるという事を意識していくことにより、その意識に応じた相応しい態度や対応が生まれていく。それが続くことにより、地域の人々の期待が増していき、それに応じて個人もより高い位置で努力を続けることができ、よりよい地域のロールモデルが出来上がっていく。その中でリーダーが生まれていき、「ノブレス・オブリージュ」の思想を行動に移していくことができていくことで初めて研修の意義があると感じた。ローマ帝国からあるであろう、思想は現在の欧米各国においても根強く意識されているものであり、当たり前に行動に移されている。私たち1人1人が地域のロールモデル化となり、この思想を意識していくことでより先のリーダーを生んでいくことができると私は考える。

第3章

すべてを学びに
変えるための、
環境づくり

人生の生き方の実験

「コップに水を注いでください」

ここ数年、講演等をする機会をさまざまいただいているのですが、その際に必ずやらせていただいている「実験」があります。

それは、**「人生の生き方の実験」**というものです。

まず、参加者の中から男女それぞれ1名、壇上に上がっていただきます。壇上にはコップひとつと、ペットボトル2本が準備されています。

ひとり目の方に、「このコップに手を触れずに、ペットボトルの水でいっぱいにしてください」とお願いします。

すると、たいがいその方は、コップに触れずに、ペットボトルの水を注いでいきます。コップがいっぱいなったら、その時点で、そのお水を飲んでいただきます。

そして、もうひとりの方にも、同じお願いをします。その際、こういう質問をします。「このコップの容量はさっきと変わりました?」。同じコップなので、たいていの方は「変わりません」と答えます。

さらに、こう質問します。

「では、入る水の量は変わりますか?」。これもコップが同じなので、たいていの方は、「同じはずです」と答えます。

そこで、実験再開です。「では、注いでください」とお願いします。それと同時に、私がコップを上下にひっくり返します。つまり、飲み口を下向きにするのです。

すると、だいたいのケースで、注ぐように言われた人の手が止まります。なにせコップが下向きでは、水を注げませんからね。そこで、当然のことながら、「これでは注げません……」となります。

さて、この実験からみなさんは、何を感じ取られるでしょうか。

私はこの実験を「人生をいかに生きるか」をみなさんに考えていただく機会になればと思い、毎回、講演で行っています。

コップの容量は、それぞれの人が持っている「能力」を、コップが上を向いているか下を向いているかは、その人の「心のあり方」を示しています。つまり、心が上を向いている状態か、下を向いている状態か、ということです。

心が上を向いているときは、何事にも前向きに素直に取り組みます。まわりの人があなたという「コップ」に「水」（知識や技術など）を注げば、あなたの能力いっぱいに「水」を満たしていくことができます。

一方で、心が下を向いているときは、マイナス思考に陥り、物事を素直に受け入れることが難しくなります。そうなると、まわりの人がいくらあなたに「水」を注ごうとしても、入っていきません。なので、「コップ」は一向に満たされず、成長もありません。

心が上を向いているから成長できる

私がこの実験を通してみなさんにお伝えしようとしているのは、まさにこれです。

人が成長していくには、心が上を向いていることがとても大切であり、逆に、心が下を向いたままでは、何も学べないし、身にもつきません。

そのことをみなさんにお伝えしたくて、私はこの実験を考えました。そうです。この実験は私のオリジナルです（ちなみに、この「人生の生き方の実験®」という名称は商標登録もしています）。

ただ、元ネタはあります。それは、「国民教育の師父」といわれた森信三先生の著書、『修身教授録』にあった**「私は教育において、一番大事なものは、礼ではないかと考えています。つまり、礼というものは、ちょうど伏さっている器を、仰向けに直すようなものです。器が伏さったままですと、幾ら上から水を注いでも、少しも内には溜らないのです」**という一節です。この一節で森先生が言わんとしていることを、私なりに形にしたのが、この実験なのです。

心が上を向いている状態であり続けることは、「人生をいかに生きるか」を考えたときに、非常に重要です。そして、何かを学ぶにあたっての基本となる姿勢でもあります。

そして、このことは、学ぶ人本人だけでなく、教える側にもいえると思います。つまり、**教える側が本気で相手に成長してもらいたいと考えるのであれば、その人の心が上を向くように働きかける必要がある**、ということです（実際、森先生も「教育において一番大事なもの」として、この考え方を示されたわけですからね）。

相手の心が下を向いたままであれば、どんなにすばらしい研修を実施したところで、効果はありません。本当の意味で、研修の効果を上げようと思ったら、相手の心を上に向かせ続けるにはどうすればいいのかもしっかり考え、実行する必要があるのです。

私も、アポロガスの「人づくり」において、このことはつねに意識しています。

そこで、第3章では、アポロガスが実践している「学び続ける組織にするための環境づくり」について紹介していきます。

「笑い」が心を上向きにさせる

大笑いしながら元気よく働く

人の心を上向きにさせるものは「何」か？

それにはいろいろ挙げられると思いますが、私が重視しているのは**「笑い」**です。「笑い」には、人の心のバリアをゆるめていく力がある――。私はそう考えているのです。

たとえば、人から笑顔で話かけてもらうと、その人に対して自然と心が開き、こちらも話しやすくなりますよね。また、その人の話にも、素直に聞く耳が持てたりしませんか。その結果、相手といい関係も築きやすくなります。

逆に、しかめっ面している人を目の前にするとどうでしょう。まずなんといっても、話しかけづらいですよね。当然、相手に対して心も閉じてしまいがちで、相手の言葉一つひとつにも、なんとなく反発めいたものを感じるかもしれません。さらに、相手の表情というのはこちらに伝染しやすいですから、一緒にいるとこちらもだんだんと不機嫌になってきたりします。これでは、心はどんどん下向きになるばかりです。

だからこそ、私は社長に就任して以来、「社員が大笑いしながら働ける環境や雰囲気をつくる」というのを目指してきました。

といっても、私が「笑おう！」と大号令をかけるだけで、そのための具体的な施策が伴っていなければ、絵に描いた餅になるだけです。

そこで、私なりに「笑い」があふれる職場になるよう、いろいろ取り組んでいます。

そのひとつが、感謝祭「せっかくどうも祭」の前や朝礼等での「ハッピー体操」です。これは、**「ハッピー、ラッキー、大好き」**を10回ずつ唱える、というもので、以前セミナーに参加して教えてもらったものです。

この3つの言葉には、そのポジティブな意味だけでなく、人を元気にし、笑顔にしてくれる秘密が隠されています。それは、どれも「い」で終わること。

ここで実験です。「い」と発音してみてください。そのとき、あなたの口角はどうなっていますか？　左右ともキュッと上に上がりませんか？

これはまさに「笑顔」のときの口の形です。つまり、この3つの言葉を発することで、自然と笑顔になれるのです。そして、人間は不思議なもので、口角をギュッと上に上げるだけで、なんとなく気持ちも上向きになります。そのせいか、この体操の後は社内が明るくなり、社員たちの間に笑いが生まれやすくなるように感じます。

この体操はかれこれ15年くらい続けています。社員たちも最初は気恥ずかしかったかもしれませんが、いまではすっかり慣れっこで、当たり前のように行ってくれています。

また、この体操の効果でしょうか、アポロガスの社員たちは、お客さまから「笑顔がいいね」と言ってもらえることが多いようです。

社長も笑顔で

また、社員に「笑え、笑え」と言って、社長の私が毎日厳しい顔をしていては、社内になかなか笑いは生まれないでしょう。

というより、笑いがあふれる職場にしようと思ったら、やはりトップが率先して笑顔で仕事をしているのが重要だと私は考えます。実際、組織の雰囲気というのは、そのトップの雰囲気が決めてしまう場合が少なくありません。

なので、**「笑顔でいること」は、私の日々の仕事において、最優先事項のひとつ**です。

もちろん、経営者として社員たちに言うべきことは言わなければなりませんから、いつも笑っているわけにはいきません。ただ、全体の印象として、「うちの社長、いつもニコニコしているよね」「社長が機嫌が悪いところはあまり見たことないよね」と思ってもらえるように心がけています。

その他、**「こちらから積極的に社員に声がけをする」**ということも、意識的に行っています。とくに用事がないときでも「○○くん、元気かい！」という具合に話かけるようにしています（もちろん笑顔で）。

そうやって、上下の枠組みを取っ払ってコミュニケーションをとっていくことは、職場に笑いを生み出しやすくする土壌づくりになると考えているのです。

笑いがつくる風通しのよさ

情報が下から上に流れるために

私が職場での「笑い」を重視する理由は、社員たちの心を上向きにしたいからだけではありません。

アポロガスを**「風通しのよい会社」にしたい**という思いもあります。

「笑い」のある職場は、なんといっても「風通し」がよくなります。そして、風通しのよさは、組織が生き残っていく上で、非常に大切だと私は考えています。

7年間の銀行員時代に強く感じたのが、情報というのは、「下」から「上」へとはなかなか流れていない、ということです。川の流れと同じように、情報は上から下へと流れていくのが基本なのです。

さらに、痛感したのが、会社にとって、下から上に情報が流れない状態を「よし」としてしまうことは、大きなマイナスだ、ということです。

会社の成長をストップさせかねませんし、下手すれば致命的な判断ミスにもつながることもあります。なぜなら、日々、現場で仕事をしている、いわゆる「下」に位置する人たちが「大事な情報」を持っていることは多々あるからです。

それゆえに、組織が生き残り、さらには成長していくためには、情報が上からも下からもスムーズに流れる環境であることは非常に重要です。そして、それを可能にするのが、「風通し」であり、風通しをよくするための潤滑油となってくれるのが、「笑い」だと私は考えるのです。

さらに、「風通しのよい会社」にしていくには、**トップのオープンマインドな姿勢も重要**です。つまり、下からの提案等に対して、実際に採用するかどうかは別として、まずは受け取るという姿勢をトップが持っていることです。そうすることで、社内に「トップに物申せる」という雰囲気をつくっていくことができ、「風通しのよい会社」

づくりにつながっていきます。

実際、下からの提案等に対して「ノー」を突き付けてばかりいると、相手のモチベーションはどんどん下がっていきます。みなさんの中にも、運悪くそうした上司に当たってしまい、こうした経験がある方がいらっしゃるのではないでしょうか。

こうなると、次第に「会社をもっとよくしよう」なんて発想さえも削いでしまう可能性があります。しまいには、「言われた通りやっていればいい」という思考停止状態に陥りかねません。これは会社にとって危機的な状況ですよね。なんとしても避けなければいけません。

そもそも、わざわざ社長に提案してくるのですから、その社員には「会社にとってプラスになる」という思いがあるはずです。だから、まずは受け取り、検討してみる。トップがこうしたオープンマインドな姿勢をとっていくことで、より風通しのよい職場をつくっていくことができるのではないでしょうか。

このことは私自身、肝に銘じ、実践するようにしています。そして、社員たちによく言うのが、**「社長の私に対して、社員が『社長、社会の窓が開いていますよ』と気軽に言えるくらいの会社を目指そう」。**

目上の人のズボンのチャックが開いていても、相手への遠慮なども働き、なかなか指摘しづらいものです。それが、「気軽に指摘できる」雰囲気があるというのは、相当に風通しのいい職場だと思います。それくらいを目指していこうと社員たちにはしつこく言っているのです（念のために補足させていただくと、私の「社会の窓」が開いていたことは、これまでのところありませんが……）。

そして、その甲斐あってか、アポロガスの社員たちはトップの私に「物申す」のにためらいがないようです。社外の方が取材や見学等でいらした際にも、「上下関係がかなりフラットですね」という感想をいただきます。

これはある意味、私が目指した形ではありますが、その一方で、じつは葛藤もあります。私としては「和気藹々としていても、ビシッとした会社」を目指しているのですが、あまりに組織がフラットとなりすぎると、和気藹々はしても、ビシッとした部分が欠けてしまいかねません。トップをトップと思わない風潮を生んでしまい、組織としての統制も取りづらくなってしまいます。

厳しさと風通しのよさのさじ加減

ただ、かといって、いまさら私が厳しいトップに豹変すれば、社員たちは委縮してしまいかねません。これまで通り物申せる雰囲気を大切にしたほうがいいのか、もっとリーダーらしくピリッとしていたほうがいいのか。このあたりのさじ加減はなかなか難しいところで、自分の中でいまだに葛藤している部分はあります。

ただ、日々、社員たちと接していて感じるのは、態度こそ「社長を社長と思わない」ですが、私が社員たちに事あるごとに伝えている「思い」には共感してくれて、その方向を向いて仕事に取り組んでくれています。

そうした社員たちの姿を見るつけ、「このやり方でもいいのではないか」と、多少は開き直れるようになってきてはいるのですが……。

人づくりは「採用」から始まっている

包み隠さずオープンにして入社後のギャップをなくす

先ほど、「人の心を上向きにさせるものは、笑いだ」と述べました。

ただ、社員本人が、「この会社の目指している方向は、私が目指している方向とは違う」と感じている場合、「笑い」をもってしても、その組織においてその人の心を上向きにするのは難しいと思います。

そしてなにより、社員がこんな具合に、入社後、「思ったのと違う！」「こんなはずじゃなかった！」と後悔してしまうのは、会社にとっても、社員にとっても、一番不幸なことではないでしょうか。

こうした状態では、社員は本来持っている能力を十二分に発揮することができないかもしれません。仕事へのやりがいもいまいち感じられないことでしょう。

社員がこうした状態に陥ってしまえば、戦力になってもらいたくて採用した会社としても、見込み違いな結果になってしまいます。さらに、これでやめられでもしたら、採用にかけた投資がパーになります。

会社と社員の関係は、「船」と「その乗船客」の関係と似ているのではないでしょうか。

自分が目指す目的地に向かっている船にきちんと乗れていれば、乗船客は安心してその航海を楽しめます。一方、それとは異なる目的地を目指している船に乗ってしまったのであれば、その乗船客にとっては不幸です。航海を楽しむどころではなくなります。

さらに、この乗船客が「そっちは私の目指す方向ではない。こっち向かってくれ！」と言い出そうものなら、今度は船にとっても、ほかの乗船客にとっても不幸です。航路が乱れて、なかなか本来の目的地に到着できなくなりかねません。

では、どうしたらそうした事態を避けられるのか。

それについて私が出した答えは、**採用の段階で、応募してくださった人たちに、アポロガスの入社条件を明確にし、かつうちがどんな会社なのかを裏表なく示す**、でした。

たとえば、アポロガスの入社条件は、この本でも何度か触れましたが、「『人の生きる目的は、まわりの人を幸せにする』という価値観に共感できる人」です。この価値観をいまの段階で実践していなくてもいいのです。ただ、共感できる人。それが入社条件だと明確に示します。

さらに、アポロガスの場合、こうした価値観を体感してもらうため、新入社員には内定後、約30個のハードな「研修」や、それに付随した何十本もの「論文やレポート提出」がもれなくついてきます。

そのことも、具体的にどんなことをするのかも含めて、包み隠さずすべてを伝えます。会社説明会等の場合は、現役の新卒社員もつれていき、彼らに自分が体験したことを、そのときの感想も含めて正直に語ってもらいます。

たとえば、お見合いなどでも、バカ正直なまでに自分を100％オープンにすれば、相手にとっても、「この人とならやっていけそう」とか、「この人とは絶対に無理！」

など判断がつきやすいと思います。

アポロガスの採用でもこれと同じことが起こるようで、会社説明会等の段階で、応募してくださった7割強の人たちが、「そういう会社なら、採用試験を受けるのは辞退します」となります。つまり、アポロガスは、7割強の人たちから「足切り」されてしまうわけです。

一方、この説明を聞いた上で、「ここの会社、面白そう」とか「そういう研修を受けてみたい」と興味を持ってくれる人たちもいます。そして、採用試験を受けにきてくださるのはそうした人たちです。そのため、最終的に採用となった社員は、「アポロガスはこういう会社だ」とわかった上で、覚悟を決めて入社してくれることになります。

これは会社にとっても、社員にとってもウインーウインな状態なのではないでしょうか。

社員にとっては、入社前と入社後とのイメージのギャップに苦しまずにすみ、入社後、スムーズに研修や仕事に取り組んでいくことができます。会社にとっては、入社後すぐにやめられる事態を防ぐことができますし、戦力としても育てやすくなります。

とくに最近感じるのが、採用基準や研修についてしっかり伝えることで、アポロガスが本当に求める社員が入ってきてくれる、ということです、

「いい人財」と言ったとき、そのイメージは人（会社）それぞれだと思います。アポロガスの場合、「いい人財」とは、やはり「まわりの人を幸せにする」という思いがあり、何事にもチャレンジ精神を持って前向きに取り組める人です。アポロガスの場合、学力的な優秀さよりも、こうした部分を重視しているところがあります。

そして、こうした採用によって、そういう人たちが集まってきてくれていると、彼らの働きぶりを見ながら、つくづく感じるのです。

知名度を上げる活動も同時に行う

ただ、こうした採用方法は、実際のところ、会社側の「思い」だけではなかなか実

践しづらい部分もあります。というのも、ある程度、採用試験に応募してくださる方がいないと、「7割に足切りされても大丈夫」とはいかないからです。

アポロガスでも、ある程度、応募者が集まるようになったのは、東日本大震災からの復興に関する活動で、さまざまなメディアに取り上げていただけるようになり、それに関連していくつかの賞を頂戴するようになってからです。

つまり、会社の知名度が上がることで、大学生たちが就職志望先のひとつとして選択肢に入れてくれるようになった、という感じです。

こうした経験からつくづく感じるのは、アポロガスが現在行っている採用方法を実現するには、**会社の知名度を上げるための活動と両輪でやっていく必要がある**、ということです。

アポロガスの場合、たまたま運よくこれらの両輪がうまくかみ合ったという部分はあります。ただそうした運に頼ってばかりでは、だんだんかみ合わなくなる可能性もあります。

それゆえに現在は、意識的かつ積極的に会社の知名度を上げるための努力をしています。たとえば、積極的にメディアに取り上げていただく機会をつくったり、中小企業の顔はやはりトップである社長なので、社長ができるだけメディアに露出するようにしたり、また、社員研修の一環として表彰エントリー研修を行い表彰制度に積極的にエントリーしたり、などです。

こうした地道な活動が土台となり、会社にとって「いい人財」を採用し、会社にとって重要な戦略となる『人づくり』をしていくことができるのだと思います。

研修のハードルを低くするコツ

「先輩たちもやってきたことだから」

アポロガスの新入社員研修のスタートは、内定後、毎年10月に開催しているお客さま大感謝祭「せっかくどうも祭り」での「着ぐるみ研修」です。

丸2日間、着ぐるみに入り続けて、来場されたお客さまたちに喜んでもらえるよう、さまざまにおもてなしをします。

その後、数々の内定者研修をこなしていくことになり、ときには、「私が講演することになっている会で、〇〇さんも、10分間、話してね」など、私からムチャぶりされることもあります（それゆえに、うちの新人研修は、社内において**「社長のムチャぶり研修」**とも呼ばれています）。

そして、入社後2週間目には、アポロガスの「目玉研修」ともいえる「ラジオDJ研修」のスタートです。これは先述した通り、1年間、週1回、地元のFM局の10分間の番組でDJを務めてもらう、という内容です。しかも、1年間で「100通のファンレターを集める」というミッションもあります。

その他にも、テレビCMに出演してもらったり、小学校等で講師役をしてもらったり、「初任給レポート」などさまざまなレポートを書いてもらったりと、研修メニューは盛りだくさんです。配属の決まるだいたい入社1カ月半ごろまで、こうした研修をこなしてもらっています。

これらの多くが、新入社員たちにとって初めての体験だと思います。なので、会社説明会等で話を聞いて「面白そう」とは思っても、実際に自分がやるとなると、「できるだろうか……」と不安になるかもしれません。

ところが、そうした不安を見事に払拭してくれる「一言」がじつはあります。

それは、「先輩たちも新人のときやってきたことだから」。

どうもこの一言で、**「先輩たちも自分たちと同じ立場のときにクリアできたのならば、思ったほど大変なことではないかもしれない」**と思ってもらえるようなのです。まさに、研修のハードルを低くする「魔法の言葉」というわけです。

ただし、この言葉が効果を発揮してくれるのは、「新卒社員だから」という部分がなきにしもあらずです。

たいていの新卒社員は、これまでに「会社生活」をほとんど経験したことがなく、ある意味、「会社」についての知識がほぼ「真っ白な状態」です。そのため、研修についても、こちらが「これが普通なんだよ」と言えば、「そんなもんなんだ」と意外と反発や抵抗感なく取り組んでくれるのです。これが中途採用となると、他の会社での経験もあるため、「これが普通なんだよ」があまり通用しません。

ムチャぶりで苦労した先輩も助けてくれる

また、言葉だけでなく、研修経験者の「先輩」の存在そのものも、ハードルを低くしてくれる効果があるようです（こちらの場合は、新卒社員、中途採用社員の両方に効きます）。

というのも、自分たちも新人の頃に、この「研修」で散々苦労させられた経験があるため、**「ああ、かわいそうに……」と、いいタイミングでフォローをしてくれる**のです。

いってみれば、社員たちの間で、「社長のムチャぶり被害者の会」ができあがっている感じです（私の「ムチャぶり」は研修をスタートする以前からなので、研修を経験していない社員もこの「会」の会員のようですが……）。

たとえば、ラジオDJ研修では、週1回、必ずゲストを呼ばなければいけません。そうなると、どこかで「呼ぶ人が見つかりません！」ということが起こります。そのとき、新入社員が相談すれば、すかさず「私のときに出てもらった方に聞いてみるね」などとサポートする。

その他の研修でも、新入社員が困っているのを見ると、さまざまにフォローしてあげているようです。

研修の数がハードルを下げていく

そのほか、第2章でも触れましたがアポロガスの研修が平均で30個、多い年度では150個と、かなりの数にのぼることも、ハードルを低くするのに役立っていると思います。

継続的に繰り返し行ってもらうことで、それぞれのチャンレンジがその人にとって「これはできて当たり前」というものに次第になっていくのです。

たとえば、海外旅行にしても、一度も行ったことがないのと、一度でも行ったことあるのとでは、その「ハードル感」に大きな差があると思います。さらに、2回目、3回目、4回目と経験するうちに、その人にとって海外旅行はどんどん「気軽に行けるもの」となっていくのではないでしょうか。

「繰り返す」というのには、そうした効果があると私は思います。

ラジオDJ研修にしても、最初はかなり緊張すると思います。というか、1年間続けても、多少の緊張は残っているのではないでしょうか。

それでも、回を重ねることで度胸もつき、そのハードルはどんどん低くなっていくはずです。また、その後、期間をおいて、再びラジオＤＪをすることになった場合でも、「はい、わかりました」と、意外と気軽に引き受けられるのだと思います。

経験を繰り返すことで、自分には相当ハードルの高い行為と思い込んでいたことも、自分にとって「当たり前」のものになっていく。経験には、そうした力があると私は考えます。

「面白い」がないとモチベーションを維持できない

研修には「正解」を設けない

アポロガスの研修は、内定後の10月から、入社後の5月半ばごろの間に行っていきますから、期間としては7カ月間強くらいになります。

実際は、研修を行うのは、その間の50日くらいですが、それでも期間としては長丁場です。最後まで集中して取り組んでもらうには、新入社員たちのモチベーションを維持し続けるための工夫が必要だと思います。

正直に申し上げると、アポロガスの研修では、「仕組み」としてそうした工夫が組み込まれているわけではありません。ただ、私自身が研修を実施する際に、モチベーション維持のために意識していることはいくつかあります。

そのひとつが、第2章でも述べたように、研修の内容を決めるとき、**「新入社員たちが面白がってくれるか」**を重視している、ということです。

アポロガスの研修では、どのみち新入社員は大変なことをさせられます。たとえば、ラジオDJ研修にしても、大学を卒業したばかりの若者が、週1回、10分間のラジオ番組を、原稿づくりからゲストの手配、さらにはDJまでさせられるのは、相当しんどいと思います。

なので、せめて彼らが面白がって取り組めるような内容にしてあげる。そこはとても大切にしていて、私自身、「どういうふうにしたら、面白くなるか」というのは、つねに考えています。

たとえば、アポロガスの研修の内容が、業務に関係ないことばかりというのも、面白がって取り組んでもらう一工夫といえます。しかも、テレビCMへの出演やアナウンサー研修、ラジオバトル選手権企画・運営など、めったにできない体験で、たぶん若い人たちの好奇心をそそるだろう内容をそろえるようにしています。

また、研修においては意識的に「正解」を設けていないのですが、これも研修に面白がって取り組んでもらう工夫だと考えています。

正解を設けてしまうと、それを探すことがメインになるため、狭い枠の中で「ああでもない、こうでもない」と減点方式で取り組んでいくことになります。これでは世界が広がっていかず、面白くありません。

一方、**正解がなければ、「こういうのもありだよね。ああいうのもありだよね」とさまざまな可能性を探っていくことになります。つまり、加点方式でどんどん世界が広がっていく**のです。このほうが取り組んでいて断然面白いと思います。

実際、提出された論文やレポートを読んでいても、「なるほど、こういう発想があったか！」と気づかされることがしばしばで、私自身も楽しませてもらっています。

お願いをして「おほめの言葉」をいただく

モチベーションの維持には、「自信」も重要です。「自分ならきっとできる」という自信が新しいことにチャレンジする原動力になってくれます。

そして、手っ取り早く自信をつけてもらう方法として、「ほめる」があります。そこで、私が活用しているのが、さまざまな会合に新入社員を同行させ、第三者の方々に「いい会社に入ったね」と言っていただく、という方法です。

地元での合同入社式や賞を頂戴したときの授賞式、外回りで地元の名士にお目にかかるときなど、さまざまな機会を利用させていただいています。

ただし、その場所に行けば、必ず「おほめの言葉」をいただけるわけではありません。なので、こちらから積極的に出席者の方々にご挨拶をし、新入社員も紹介させていただき、すかさず**「今年は入った新入社員なのですが、一言、『おめでとう』と言っていただけますか？」**とお願いします。

すると、ありがたいことに、多くの場合、「いい会社に入ったね」と言ってくださいます（多少、図々しい方法ではありますが……）。

同じ「いい会社に入ったね」の一言でも、社内の人が言うのと、社外の人に言っていただけるのとでは、その重みが違います。実際、新入社員たちに聞いてみたところ、社外の人から言っていただくとやはりうれしいし、また、会社への誇りや自信が生まれ、「これから頑張ろう」という励みになるといいます。

これは、私としてはありがたいかぎりです。第2章で、アポロガスでは「地域や社会に育ててもらう」ということを意識的に行っていると述べましたが、これもまさにそのひとつといえるでしょう。

研修を「消化不良」にしないために

「できない」と心が下向きになる

アポロガスでは、通常30、多い年度で150もの研修を新入社員たちに取り組んでもらっていますが、ときどき「消化不良」ということも起こってきます。

消化不良とは、与えられた研修をこなし切れず、停滞気味になってしまうことです。取り組む数が多く、また内容も彼らにとって未体験かつハードなこともあり、レベル調整を誤るとこうしたことが起こります。

ここで、実際に研修で起こった消化不良の例を紹介しましょう。

新入社員研修のひとつに、**「初任給レポート」**というのがあります。

これは中途採用の社員にも課している研修なのですが、アポロガスで働いて初めてもらったお給料の一部で、いままで育ててくれたご両親などの家族へ感謝の気持ちを手紙と一緒に示し、さらに後日、それをレポートしてもらう、というものです。

ところが、ある年の新入社員たちは、締切であるお盆明けをすぎてもレポートを提出してくれませんでした。「どうしたんだろう？」と思って、新入社員たちに尋ねたところ、「どう作成したらいいのかわからず、止まってしまっている」とのこと。つまり、与えられた課題に対して消化不良の状態になってしまっていたのです。

これはまずいと思い、「期限優先で、とにかくできる範囲でいいから、作成しなさい」と指示しました。それでようやく全員が提出してくれました。

こうした事態になった原因は、「参考までに」と彼らに見せた、前年度の新入社員が作成した「初任給レポート」にありました。

それは、パワーポイントを使って家族の写真などをかわいらしくデコレーションしたもの。私の期待を超える見事な出来栄えでした。

しかし、それが彼らにとってプレッシャーになってしまったようなのです。「これくらいのレベルが期待されているんだ」と理解する一方で、いまの彼らにはそれだけのコンピュータスキルがない。そこで、「どうしよう……」となり、作成がストップしてしまったというわけです。

これは、完全に私のミスです。私が過度なプレッシャーをかけてしまったことで、彼らの中に消化不良を起こしてしまった典型例といえます。

研修をする側には、研修を受ける社員たちがこうした消化不良に陥らないようにする目配り、気配り、心配りが求められます。

なぜなら、消化不良のままにしてしまったら、「自分はできない」という思い込みがどんどん強くなってしまい、自己肯定感が低くなってしまいかねないからです。これでは、心が下を向いてしまうばかりです。

崖っぷちに立たせるが、落としはしない

第2章でも述べたように、アポロガスの研修では意図的に新入社員を崖っぷちに立たせますが、そこから落とすことはしません。落ちそうになる前に、手を差し伸べます。つまり、**消化不良になっていそうだと思ったら、その社員の今のレベルに合わせて内容を調整**していきます。

また、それ以前に**消化不良を起こさないための配慮も大切**です。つまり、その社員のいまの能力を見ながら、それに合わせて実施する研修の内容や数を調整し、消化不良そのものが起こらないようにしていくのです。

その意味で、毎年同じ研修を一律に実施するのではなく、年によって研修数や課題の難易度等が異なってもいいと私は考えています。

アポロガスの場合、こうした見極めは、最初の研修である「着ぐるみ研修」でのレポートでまず行っています。「この人は、これくらいの負荷を与えても大丈夫そうだな」とか、「このレベルまではまだ無理そうだから、これくらいからはじめよう」などなど。

もちろん、「まだまだだな」と思った人が研修を通してグーンと成長することもあります。そのあたりは、研修のたびに提出する論文やレポートを見ながら判断し、レベルを上げていく、という感じです。

ただ、人間ですからときどきレベルの判断を見誤るときもあります。そのため、課題を与えた後も、消化不良を起こしていないか、しっかりと社員を見守っていく必要があります。

私が、意識して行っているのは、朝礼等で社員の「表情」を見ることです。何かで困っているときなどは、やはり表情に表れます。とくに「笑顔」がなくなっていたら要注意です。

これは研修中の表情でもいえることで、**「取り組んでいるときに笑いがあるか」は、研修のレベルがその社員にとって適切かどうかを判断する最大の材料**だと思います。

逆に笑いがなく、なんとなく暗い表情をしていたら、それは危険信号です。消化不良でアップアップの状態かもしれません。

そして、「笑顔がなくなっているな」という印象を受けたら、必ず「何かあったのかい？」と声をかけるようにしています。そうした一言によって、「君のことを気にかけているんだよ」と伝えられます。そうすることで、その社員も困っていることについて話しやすくなるだろうし、その結果、消化不良に対して早め早めの対象をしていくことができます。

こんな具合に、研修する側は、与えたら与えっぱなしではなく、**つねに目配りをして、必要に応じてフォローしていく**必要があります。

本気で社員を成長させようと思ったら、こうした「手間」は不可欠なのだと私は考えています。

横断歩道事件反省論文
地域のロールモデルとアポロガス

◆反省点

本日の研修の際、地域の方から新入社員のマナーについてご指摘の電話をいただいた。私たちは、駐車場から会社に向かう際やスーパーいちいさんに買い物に行く際、横断歩道を渡らず、車道を横切っていた。お電話をしてくださった方は、小学生のお子さんと一緒に居り、私たちの姿を見たお子さんは「どうしてお兄さんとお姉さんは横断歩道を渡らないの？」と言ったそうだ。それを聞いたお母さんからお電話をいただいた。

◆なぜ、このような行動に至ってしまったのか

・アポロガスの社員（顔）であるという自覚が足りなかった。
・誰かもやっているからいいのではないかという甘い考えがあった。

・少しの距離を歩けば横断歩道であるのに、そこまで行くのが面倒という気持ちがあった。

◆この行動により、アポロガスがどのように見られてしまうのか。

新入社員が当たり前のことを当たり前にできていないということは、先輩社員の方々の教育がなっていないと思われてしまう。また、私たちの軽率な行動により、先輩方が積み重ねてきたお客様からの信用を失いかねない。そして何より、私たちは教えなくともこのような最低限のマナーは守れるだろうと信じてくださっていた社長を始め、社員の方々からの信用を失ってしまった。

◆この件から学んだこと

電話をかけてくださったお母さんは、これからを担う新入社員が子どもたちのお手本になるような行動をしてほしいという期待も込めてお電話してくださった。また、地域の方はアポロガスをよく見ているし、地域に必要とされる会社だからこそ周りから尊敬されたり、「やっぱりアポロさんはすごいよね」と言われるロールモデルの存在にならなければならない。子どもは、大人の行動を見て育つので、地域で子どもを育てていくのならなおさら、大人たちが子どもに恥じない行動を習慣づけなければならない。このようなご指摘を受けたからこそ、今後の行いを改善する機会となった。もしも、このご指摘がなければ、別の場面でも自覚が足りないまま、恥ずかしい行動をしていたはずだ。お電話いただいたことに感謝します。

◆今回の件を今後どのように改善していくのか

連日社長から、アポロガスは知名度も上がり、それに伴って地域からの期待度や要求度も高くなっているという話もされていた。また、本日の研修では、自分がアポロガスの顔として何をしていくかについて話していたところだった。それにも関わらず、お昼の時間帯にそのような行動をとってしまい、全く学んでいないし、自覚しているつもりなだけだと感じた。しかし今回、アポロガスの顔であるということがどういうことかを身をもって実感したので、もう絶対に同じようなことは繰り返さない。どこに出しても恥ずかしくないだけでなく、地域のみんなから模範とされる「アポロガスの社員」になる。子どもたちがアポログループに入りたい！と思うきっかけとは、どの社員を見てもかっこいい！と思えることだ。小学生でもわかる最低限のマナーも守れない大人を誰もかっこいいとは思わない。大人になるにつれて忘れかけてしまうことを忘れないためには、小学生に見られても恥ずかしくない行動、小学生に真似してほしい行動をする。言っていることとやっていることが伴わない大人のいうことに子どもは耳を傾けないだろう。

今回、私たちの軽率な行動で、ご迷惑をおかけして申し訳ありませんでした。そして、自分自身の行動を意識から改善する機会を与えてくださった地域の方に心から感謝しています。

第4章

「人づくり」の難しさを乗り越えるために

成果が目に見えにくいジレンマ

異例の昇進は研修の成果!?

２０１１年度に始まったアポロガスの新人研修ですが、２０１９年現在、15人弱の社員がその経験者で、全社員の４分の１を占めるまでになっています。

彼らの働く姿を日々見ていると、「チャレンジ精神」や「自分の頭で考え、行動する力」といったものを磨いていくという研修の目的は、ある程度、達成されているのではないかと感じます。

たとえば、外部から取材や見学にいらした方が、入社2、3年目の社員を見て、「まだお若いのにしっかりお話ができるので驚きました。やはり研修の成果ですね」と言ってくださることがしばしばあります。

半分はお世辞かもしれませんが、わざわざ口にして言葉にしてくれるのですから、もう半分は本気でそう思ってくれているのだろうと、おほめの言葉としてありがたく受け取ることにしています。

実際、私自身も、彼らの成長を感じることはしょっちゅうあります。入社前は非常に頼りない雰囲気だった社員が、入社して1年、2年と経つうちにどんどん任せられる存在になっていき、それがうれしくて、思わず本人の前で「○○くん、本当に成長したね～」と口に出してしまうこともあります。

ただ、彼らの成長に対して、「これぞ研修の成果だ！」と断言しづらいのも事実です。

先日、研修を受けた入社5年目の社員が、なんと通常では考えられないスピードで「主任」に昇格しました。

私としては内心、「研修の成果」と思いたいのですが、本当のところは、正直、わかりません。もしかすると、もともとそうした能力が備わっていて、研修を行わなくてもそうなっていたかもしれないからです。

実際、スピード昇格した社員は、入社当時からしっかりしていました。なので、研修を受けなくても、そうなっていた可能性が大きいともいえるのです。

売上が10年で2倍にはなったが……

このように、アポロガスの研修の場合、営業研修などの「業務研修」と違って、「こういう研修をしたから、この部分が伸びた」というのを、具体的なデータとともに、目に見える形で示すことがなかなかできません。

私自身は、研修で彼らが経験することは、決して彼らの人生において無駄にならないと考えています。無駄にならないどころか、その成長に必ず役立つはずだという確信があります。しかし、それを目に見える「データ」で示すことができません。

それが、アポロガスの新人研修のデメリットといえます。

これは、**「この研修が、会社の利益にどうつながっているのか」**という点でもいえることです。

私たちは営利企業ですから、研修を行うからには、それが売上や利益に結びつくことが求められます。投資をするからには、リターンが求められる。それが、会社経営の鉄則ともいえます。

ところが、アポロガスの研修の場合、会社の売上や利益との結びつきもまた、客観的なデータで証明することができないのです。

会社全体の売上は、この10年で見ると、グループ全体で倍増しています。この成長は、研修を実施し始めた時期と重なります。

しかし、売上が倍増した主な要因は、長年私と二人三脚で共同経営を行ってきた、新規事業を担当している共同経営者、相良元章新社長（2019年5月より、グループ全体の社長に就任。一方、私はグループ全体の会長に就任しました）を中心に、グループ全体で新しい事業を増やしていったことや、東日本大震災以降、太陽光発電や新築住宅の需要が高まったことなどによるものです。この間に、研修によって売上に貢献するような革新的な新サービスが生まれたわけでもなければ、お客さまの契約数がぐんぐん伸びた、ということもありません。

そのため、いまのところ、研修がどれだけ会社の売上や利益に貢献できているのかはわからないのです。

それでも人づくりを続ける理由

ただ、これについては「想定内」ともいえます。

そもそも、私がこの研修を始めたのは、10年後、20年後、50年後も会社が存続し続けるための土台づくりの必要性を感じたからです。なので、最初から短期で結果が出せるとは考えていませんでした。

とはいえ、10年先、20年先にばかり目を向け、目先の利益をないがしろにしてしまえば、会社の存続どころの話ではなくなります。現状の経営があやしくなれば、元も子もありません。

だからこそ、研修では「お金をかけない」をモットーにし、マイナスを出さないようにしているのですが、それでもときどき、明確な効果が見えないことを続けるのが、経営者として正しい判断なのか迷うこともあります。

ただ、私の代で研修をやめるつもりはありませんでした。それはやはり、「『人づくり』をすれば、確実に経営は安定していく」という信念が私にはあるからです。

「人づくり」は、経営を安定させる

価値観を体現する社員が育っていく

「人づくり」をすれば、確実に経営は安定していく——。

これは、研修を始める以前から、私が「信念」として持っていたことですが、実際に研修を続けてみて、いまでは「確信」に変わっています。

それはなぜか。

そのひとつとして、**「人づくり」を通して、自分たちの会社の「価値観」を体現できる社員が育っていく**のを実感するからです。

アポロガスでいえば、「まわりの人を幸せにする」という価値観です。

2018年の年内最後の営業日にあったエピソードです。

あと1時間で業務終了というときに、地域の方から電話がかかってきました。対応したのは、入社2年目の社員。聞けば、給湯器が壊れてしまい、お湯が出なくなってしまい、どこに電話をしても対応してもらえなかったとのことです。このままではお湯が使えない最悪のお正月になってしまいます。

この方はアポロガスのお客さまではありません。なので、断ろうと思えば断れます。しかも、あと1時間で今年の仕事も終わりです。

しかし、彼は断りませんでした。社内に残っていた先輩たちにも手伝ってもらい、その日のうちに、石油の給湯器を手配。その方の家では、無事、家族団らんの暖かいお正月を過ごすことができたそうです。

これを聞いたとき、私はうれしくなってしまいました。

地域の人が困っていたら、たとえ自分たちのお客さまでなくても、自分のこととして考え、しっかりとリポートする。こうした、言ってみれば、「まわりの人を幸せにする」というアポロガスの価値観を、当然のこととして行動する社員に育ってくれたのだなと感じたからです。

じつは、似たようなことが前の年もありました。そのとき、中心となって対応したのは、こちらも研修を受けた入社4年目（当時）の社員。その社員が言っていた言葉も印象的でした。

それは、「給湯器が売れる喜びよりも、お客さんに感謝される喜びのほうがはるかに大きい」という言葉です。

アポロガスは創業以来、「お客さま第一主義」で経営してきたこともあり、研修を受けた・受けないにかかわらず、アポロガスの社員たちには昔からこうした感覚は強いともいえます。

あるベテラン社員などは、若い頃、「俺が死んでも、アポロガスの○○さんがいるから安心だ。家族のこと、家のこと、全部わかっているからすべて任せられる」とお客さまから言っていただいたことがあります。

この社員はそれくらいお客さまに信頼してもらえる仕事をしてきたということです。

こうした気質は、アポロガスの社員の伝統のようなところもあります。そして、2年連続して年末に起きた出来事が教えてくれるように、研修を通じて、より強く社員に受け継がれるようになっていると実感しています。

社員一人ひとりがバラバラの価値観を持ってしまえば、会社はまとまりのないものになってしまいます。

先ほど、会社と社員の関係は、「船」と「その乗船客」の関係と似ていると述べました。「乗船客」それぞれがバラバラな目的地を目指していれば、「船」はどちらに向かえばいいかわからなくなり、迷走してしまいます。こうなれば経営は「安定」どころではありません。

一方、「乗船客」が価値観を共有し、同じ目的地を目指すのであれば、船は安定した航海を実現できます。「乗船客」たちも安心して航海を楽しめます。

そうしたことに、研修は役立っていると私は感じているのです。

人づくりによって若い人が集まってくる

また、「人づくり」が「経営の安定」をもたらす効果としては、**「人づくり」によって組織そのものが、「若い人の集まる組織」になっていく**ことも挙げられるでしょう。

前述したように、現在、アポロガスの採用活動では全国から就職希望者が集まってきてくれるようになっています。

私たちの属するLPガスの業界は、すでに何十年も前から斜陽化がいわれていました。さらにここにきて、さまざまな新エネルギーが登場し、２０１７年4月からはガス自由化も始まっています。従来からのガス販売会社は、よほどの競争力を持たないと生き残りが厳しくなっています。

そうした状況もあり、現在、ガス販売会社にはなかなか若い人が集まってきません。たしかに、先の見えない、かつ「きつい、汚い、危険」の３K業種を好き好んで希望する若い人は少ないでしょう。そのため、平均年齢が50代、60代というガス販売会社も少なくありません。

それに対して、アポロガスの平均年齢は42歳です(2019年現在)。若い人が集まってくれる組織になっているのです。

その要因としては、第1章ですでに述べたように、東日本大震災からの復興をサポートする活動でさまざまなメディアに取り上げていただいたことが大きいといえます。

また、昨今は「ユニークな研修をしている会社」としても知られるようになってきており、「『人づくり』に力を入れているから」という理由で志望してくれる学生さんも多いようです。

つまり、「人づくり」によって、若い人が集まってくれるようになってきているのです。

そして、**若い人が集まってきてくれることは、経営を安定させる「強み」になります。**

そのひとつが、若い人がいれば、それだけ会社を長く存続させられる、ということです。実際、50代、60代の社員しかいなければ、10年先、20年先、事業を継続していくことは厳しいと言わざるを得ません。一方、20代、30代が多ければ、20年、30年後もサービスを提供し続けられる可能性が高くなります。

若い人たちが集まる組織であり続けることは、「会社の生き残り」という上でも、必須だといえるのです。

お客さまからも選ばれる

また、**若い社員がいることは、「お客さまからも選ばれやすくなる」というメリット**にもなります。

高齢化が進む現在、ライフラインを扱う会社の場合、お客さまの自宅に立ち寄った際に、家具の移動などちょっとした頼まれ事をされることもしばしばあります。

そんなとき、自分たちとあまり年齢の変わらない50代とか60代の社員に頼むのは気が引けてしまっても、20代、30代の若い社員であれば、子どもや孫のような感覚で頼みやすいという部分はあると思います。

その結果、「あの会社は若い社員さんが多いから」と、お客さまから選んでもらいやすくなります。

ガス業界全体で、毎年2%ずつ、お客さまが減っているといわれているなか、アポロガスがほぼ現状維持を続けられているのは、こうした要因も大きいのではないかと思っています。

「育ててもやめてしまう」リスク

「翼」を渡すと飛んでいってしまう!?

「人づくり」をしていると、必ずついてまわるのが、「育ててもやめてしまう」というリスクです。

とくに、アポロガスが行っている研修では、さまざまな経験をさせて、視野を広めてもらうことに重点が置かれています。そのため、**研修の結果、「もっと広い世界に羽ばたきたい」と、やめてしまう可能性が、業務研修だけを行う場合よりも高くなります。**アポロガスのような、地方の、しかもごく限られた地域のみをマーケットにしている会社であれば、なおさらです。

じつは、そうした指摘はさまざまな場所で頂戴しています。

たとえば、弊社の女性社員から「社長は新入社員に『翼』を渡しすぎでは？」と心配されたことがあります。

また、NPOで人材育成をしている知人からは、「長く会社で働いてもらいたいと思うのであれば、『外の世界』を見せずに、目の前の仕事だけをやってもらい、言ってみれば『カゴの鳥』状態にしたほうがいいと思いますが、篠木さんはそのあたりどう考えているのですか？」と問われたこともあります。

では、実際に、研修を受けたことで、社員たちが羽ばたいていっているのでしょうか。

いまのところ、**男性については100%が残っています**（これには、採用に際して、アポロガスという会社について包み隠さず話していることも大きいと思いますが……）。一方、女性については、入社してすぐ3年未満でやめる女性社員はほぼいないのですが、**女性の最終的な定着率は65%、全体では80%**くらいです。

女性の場合は、結婚や出産といったライフプランに左右されることがあったり、また、みなさんからのご指摘通り、「もっとやりたいことがある」という理由で退職したりということもあります。

それでも7～8割は残ってくれる

「育ててもやめてしまう」というリスクを私が軽く見ているわけではありません。そうしたリスクがあることは、つねに肝に銘じています。

その一方で、**「それは仕方のないこと」と思っている部分もあります。**というのも、私自身、大学卒業後に就職した銀行で、同じことをしたからです。

一人前の銀行員に育て上げるためにかなりの投資をしてもらったにもかかわらず(27歳のときには、半年ほど、ニューヨークで金融の勉強をさせてもらったほどです)、その恩返しをすることなく、30歳でやめてしまいました(現在、弊社のメインバンクになっていただき、別の形で恩返ししておりますが……)。

そんな具合に、自分もそうやって迷惑をかけてきたという負い目もあり、**「若い社員たちが羽ばたいていく際には、応援する気持ちで見送ったほうがいいよな」**と、なんとなく思わざるを得ないのです。

それに、「育ててもやめてしまう」といっても、100％が「もっと広い世界に羽ばたきたい」となるわけではありません。

私自身、これまでの経験で確信しているのですが、実際に飛び立ちたいという人は、男性・女性を含めて全体の2割くらいだと思います。つまり、**研修を通じてさまざまな経験をしてもらうと、7～8割は残ってくれる**のです。

であれば、「せっかく育てても、やめてしまうかもしれない」と心配して、「人づくり」をやめてしまうより、**「2割は飛び立つ」と割り切って、「人づくり」に取り組んだほうがいい**と思います。

そのほうが、会社にとってはプラスであり、取り組む側にしても、出し惜しみせず、100％のエネルギーを注いで「人づくり」をしていくことができます。

じつは、こうした割り切りができるようになったのは、ある人から「スキージャンプ」での採点方法を教えてもらったのがきっかけでした。

その採点方法とは、「飛型点」（ジャンプや着地の美しさに対する評価）において、5人の審判の評価から、一番高い点数と一番低い点数を除いた、3人の合計を足して算出する、というものです。

ちょうどその頃、講演等でお話をさせていただいた際に頂戴するアンケートに、必ずひとりやふたり、「まったく面白くなかった」という否定的な感想を書かれた方がいて、そのたびにかなり落ち込んでいました。

その話をしたところ、この採点方法を教えていただき、「これはいい！」と、アンケート結果を分析させていただく際に活用することにしました。つまり、頂戴した感想のうち、プラスの評価の上位2割とマイナスの評価の下位2割を取り除き、残りの6割のご意見・ご感想だけに注目する、という方法です。

マイナス評価をプラスに持っていくのは、簡単ではありません。かなりエネルギーを要しますし、たとえプラスに持っていけても、全体の2割の満足度がアップするだけです。それよりも、全体の6割の人たちの満足度を高めていったほうが、より多くの方に楽しんでいただけます。

同じエネルギーを使うのであれば、そちらのほうがいいのではと私は思ったのです。

案の定、この「スキージャンプ」での採点方法を採用してから、非常に気持ちが楽になり、講演等でネガティブな反応をされてもあまり落ち込まなくなりました。

そして、こうした割り切りを、私は「人づくり」でも応用しているわけです。

若手以外の「人づくり」

次のステージの教育をどうするか

新人研修については、10年近く続けてきた甲斐あって、それなりに仕組み化され、内容もかなり密度の濃いものになっているという自負があります。一方で、目下のアポロガスの課題は、社員たちが次のステージにいったときの研修の仕組みが整っていない、ということです。

ある程度の規模の会社であれば、新人研修の後も、各ステージで求められるスキルを磨くべく研修が用意されています。私も銀行員時代、前述のニューヨークでの半年のトレーニー（現地研修）を含め、さまざまな研修を受けさせていただきました。

ところが、地方の小さな会社であるアポロガスには、そうした研修を整えるだけの余裕がありません。もちろん業務に関する研修はあります。たとえば、ガスを担当する社員には、ガスの保安教育のための講習会などを定期的に受講してもらっています。

一方で、新人研修で行っているような、本当の意味での「人づくり」に関わるような研修の仕組みは、まだ整えられていないのです。

しかも、アポロガスの場合、30代、40代の社員が少ない、という問題もあります。平均年齢は42歳ですが、年代層で見れば、50代、60代のベテラン社員と、２０１１年から毎年採用している20代～30代前半の社員が中心です。

30代、40代といえば、会社では中堅にあたり、今後の会社のマネジメントを担っていく世代です。アポロガスの場合、その層が薄く、しかも彼らのための研修の制度も整っていません。これは、10年先の「経営の安定」を考えたときに、非常に懸念すべき状況だといえます。

さらに、新人研修以外の研修が整っていないということは、20代～30代前半の**「研修を受けた世代」が次のステージにいったときの教育が十分にできない**、ということを意味します。

これもまた、10年先、20年先を考えたとき、「経営の安定」という部分で、正直、一抹の不安を感じざるを得ません。

それゆえに、アポロガスの「人づくり」において、解決すべき目下の課題は、「新人以外の社員に向けても、『研修』の仕組みを整えていく」です。

そして、そこに非常な危機意識があった私は、数年前から新入社員以外の社員を対象にした、「人づくり」も、少しずつ取り組み始めています。ここで、いくつかその内容をご紹介します。

内定式と入社式での30分スピーチ

これは、主任以上の社員に課しているもので、新入社員の内定式と入社式の際に、それぞれ**持ち時間30分で、「自分の人生を通して、後輩社員に伝えたいこと」という**

テーマで話をしてもらう、というものです。２０１５年から実施しています。

社員たちに聞くと、これはかなりしんどいようです。

業務に関することを話すというのであれば、内容もだいたい決まっているので、「30分間」といっても意外と簡単にできます。ところが「自分の人生」となると、そうはいきません。

まず、人生を振り返らなければなりません。そこから、新入社員に伝えたいことを選んでいかなければなりません。さらにそれを、自分の言葉でまとめていかなければなりません。人前で話すのですから、他人にわかりやすく伝えるための表現の工夫も必要です。

これらはすべて自分の頭で考える作業です。つまり、新人研修で新入社員たちにつねに課していることです。それを主任以上の社員にも行ってもらおうというわけです。また、新入社員にとっても、先輩社員の貴重な体験が聞けるチャンスになります。

ただ、あくまでも自由形式で、かつ私もうるさいことを言わないので、15分くらい話して、残りの時間は質問タイムにしたりなど、上手に端折る社員もいます。それでも、15分は「自分の人生」について語ってくれるのですから、本人にとって考える機会にはなっていると思うので、私は「よし」としていますが……。

朝礼でのプレゼンテーション

２０１７年からスタートしたのが、毎週金曜日に行っている朝礼でのパワーポイントを使ったプレゼンテーションです。

個人ではなく、課単位で行ってもらっています。**制限時間は5分程度で、内容は基本的に自由です。自分たちが調べたことや、他の社員に役立ちそうなネタなどを発表してもらっています。**

当初は、「毎週、ひとつの課が行う」としていたのですが、そうなると4週に1回はまわってくるため、負担が大きいと思い、現在は月に1回という頻度にしています。

パワーポイントを使ったプレゼンテーションは、新人研修でもしょっちゅう行ってもらっていて、それを通じて、新入社員たちはメキメキとそのスキルを伸ばしていっています。そこで、「これはいい」と新入社員以外にも行ってもらうことにしたわけです。

ただ、2年ほど続けていて、多少の壁にはぶち当たっています。それは新入社員のようにはスムーズに進まない、ということです。

ベテランの社員たちは日々の業務で忙しいこともあり、そのための時間をなかなか確保しづらいということもあります。それ以前にプレゼンテーションやパワーポイントへの抵抗感もあります。

その結果、リサーチも資料作成もプレゼンテーションも、結局、研修経験者の若手任せになってしまう、ということが起こりがちなのです。これでは、本当にこれらのスキルを身につけてほしい層が学ぶ機会になりません。

これは私にとって悩ましいことで、現在、そのための解決策を模索しているところです。

「1枚のこころ」に掲載する「100年論文」の作成

アポロガスでは毎月1回のお給料日に、給料明細とともに**「1枚のこころ」**という社長から社員へ「ラブレター」を累計200通以上手渡しています。

そこに、2017年から、毎月2〜3名ずつ、「100年論文」というものを書いてもらい、掲載しています。

「100年論文」とは、「アポロガスが100年続くためには何をしたらいいのか」について、800字程度で自分の考えを書いてもらう、というものです。

2017年度の新人研修で「100年企業の作り方とアポロガスの人財育成」という論文を書いてもらったところ、どれもとても面白い内容に仕上がっていたので、パートさんも含めて全社員に書いてもらおう、と思ったわけです。

書いたものは全社員に公開されるので、他人にきちんと読んでもらえる文章を書く必要があります。そしてそれには、いろいろ調べた上で、自分の考えをまとめ、それを他人にわかる言葉で書いていく、という作業が求められます。これはかなり大きな学びにつながります。

だからこそ、新入社員だけでなく、全社員にぜひ経験してもらおうと考えたのです。

ただ、「言うは易し、行うは難し」で、実際に書いてもらうには、こちらもそれなりにエネルギーを要します。

そもそも文章を書くのは面倒な作業ですから、「書いて、提出してくださいね」と呼びかけただけでは、全員がすんなり応じてくれるわけではありません。その傾向は仕事一筋のベテラン社員ほど強く、「なんでそんな業務以外のことをしなくてはいけないのだ」と反発して、提出率が悪くなります。

こうしたことは、アポロガスに限らず、多かれ少なかれ、どこの会社でも起こり得ると思います。

そこで私がとった作戦は、提出してもらう順番に配慮すること。

とくに肝心なのが、最初のうちです。**「必ず書いてくれそうな社員」にまずお願い**をし、毎月、論文がスムーズに提出され掲載される状況を積み上げていきます。そうすることで、「全員が書くんだ」という雰囲気をつくっていき、抵抗する社員たちも、その流れに巻き込んでいくのです。

この作戦はかなりうまくいき、結局、全社員が書いてくれて、2019年5月でひとまず終了しました。しかも、「彼はなかなか書いてくれないだろうな〜」と思っていた社員から、非常に読みごたえのある論文が提出されて、私としては想定以上の効果があったと思っています。

アポロ大学、アポロ大学院、アポロアワード

私は2019年5月で社長を退き、会長に就任し、アポロガスでは現在、相良元章・新社長のもとで新しい「人づくり」が始まっています。

その相良社長が、専務時代に旗振り役となって始めた「人づくり」の取り組みがあります。**「アポロ大学」**と**「アポロ大学院」**という仕組みです。

これらの目的は、「中間層」や「マネジメント層」において、「人づくり」を促進していく、ということです。つまり、私の代ではなかなか力を入れられなかった層をター

ゲットにした研修の仕組みです。

アポロ大学は全社社員が対象で、2015年にスタートしました。

メインの活動は、**月1回、外部の講師の方に来ていただき、講演してもらう**、というものです。

社員はいくつかのグループに分かれて、講演のテーマや講師の選定・手配等を行っていきます。地元の英語塾の先生だったり、日本酒の蔵元の方だったり、スポーツインストラクターの方だったり、これまでにさまざまな方がいらしてくださっています。

将来的には、社内だけでなく、地域の方々にも参加いただけるオープンな講演会にしていきたいと考えているといいます。

そのほか、年に1回実施している**「アポロアワード」**という活動もあります。

これは、社員がいくつかのグループに分かれて、それぞれが「面白い制服のある会社」や「面白い社内ルールがある会社」などのテーマを決め、**全国の会社の中からそ**

れに該当する会社を選び、表彰する、という内容です。

なんと、表彰させていただいた企業には、トロフィーも贈呈させていただいていま
す（この活動は、２０１６年3月28日付の「ザ・ジャパン・タイムズ」にも取り上げ
ていただきました）。

一方、アポロ大学院というのは、会社のマネジメント層やその候補となる人たち向
けて、その**マネジメントスキルをレベルアップしていくための仕組み**です。

２０１６年から始まり、いまのところ、10月に実施する2泊3日の研修合宿がメイ
ンの活動となっています。

この合宿では、コンサルタントの先生に来ていただき、自分の考えをまとめ、それ
をプレゼンテーションする技術だったり、問題解決型の議論の方法だったりといった
ことを指導してもらいます。

また、研修中のツールはｉＰａｄとなるため、社員たちはそれを使いこなすことが
求められます。若い人たちには使いこなせて当たり前かもしれませんが、ベテラン社

員の中には使ったことないという人もいて、最初は使いこなすのにだいぶ四苦八苦している様子でした。

私は1回目の合宿しか参加していないのですが、2回、3回と回を重ねるごとに、だいぶ使いこなせるようになっているとのことでした。

生まれ始めた「新しい事業」

地域のお年寄りを助ける「やさしい外孫ブラザーズ」

アポロガスが、「人づくり」を重視し、それを続ける目的は、社員一人ひとりの「変化対応能力」を磨き、どんな大激変の時代にあっても、そこに対応し、生き残っていける組織をつくっていくためです。

それをもっと具体的にいうならば、時代の変化に対応して、社員たちの側から新しい事業が次々と生み出されていくことです。

そうした組織になっていくことが、いまの私がイメージする理想の姿といえます。

そして、新人研修の成果かどうかはわかりませんが、社員たちが自分たちの頭で考え、新しい仕事を生み出すということが、ちらほら出始めています。

そのひとつが、**「やさしい外孫ブラザーズ」**の活動です（社内では、これを略して、「YSB」と呼んでいます）。

提案したのは30代半ばの男性社員・A君です。彼は研修経験者ではありませんが、それ以外の7名のメンバーたちはすべて研修経験者です。

どういう活動かというと、アポロガスの20代の若手男性社員たちが、地域の「孫」のような存在となって、地元のおじいちゃん・おばあちゃんたちのお手伝いをする、というものです。

現在、少子化の影響で若い人たちの人口が減っています。それに輪をかけて地方の場合、就職口がないこともあり、若者がどんどん都会に流出し、「孫」という存在が少なくなっています。そのため、身近に頼れる人もなく、日々の生活に不安を感じている高齢者の方々も少なくありません。

そこで、A君が、「20代の若手社員でグループを組み、高齢者の方々のお宅にガスや灯油などの配送をした際に困り事はないかを尋ね、頼まれれば、重い物を動かしたり、高いところから物をとったりといったお手伝いを無料で行いたい」と提案してきたのです。

私はこの提案をA君からもらったとき、本当にうれしかったです。「まわりの人を幸せにする」というアポロガスの価値観を、若い社員が実現してくれるひとつの形だと思ったからです。

自分たちの住む地域に、困ったときに助けてくれる会社が存在するというのは、地域社会にとって安心だし、そこに住む人たちの幸せにつながり得ます。

「無料で」というと、「会社の利益という点でマイナスでは」という意見もあるかもしれませんが、私はそうは思いません。こうしたサービスを提供することで、お客さまから選んでもらいやすい企業になり得ます。

短期で見ればマイナスかもしれませんが、長期的には必ずやアポロガスにとってプラスになると私は考えています。

また、YSBの活動は、少子高齢化・人口減少社会において、「高齢者をどうサポートしていくか」という社会的な課題に対するひとつの解決策にもなり得るかもしれません。「遠くの親類よりも近くの他人」という諺があるように、コミュニティーでの支え合い方のひとつの形として、他の地域にも広がっていく可能性もあります。

YSBの活動は2018年1月にスタートし、すでに1年以上経っています。少しずつ地域でも認知されるようになり、活動の頻度も幅も広がってきています。

さらに、この活動を通じて、面白い現象も起きています。活動に参加する若手社員たちがどんどん元気になり、ますます仕事へのモチベーションが上がっているようなのです。

聞けば、自分たちがしたことで、お年寄りたちが喜んでくれるのを見ていると、エネルギーが湧いてきて、「やってよかった。よし、また、やろう!」という気持ちになる、というのです。

「サティスファクション・ミラー(鏡面効果)」という考え方があります。これは、サービス業において、お客さまの満足は従業員の満足につながり、それがさらなる顧客満足の行動につながる、というものです。

ＹＳＢのメンバーたちは、その活動を通じて、まさにこうした好循環を経験しているのでしょう。

こうした活動が、今後も社員たちからさまざまな形で起こってくるのが、私が目指すアポロガスの姿です。

社長などからのトップダウンではなく、社員の側から新しい事業を提案し、それを実現させ、会社全体の利益につながっていく。

少しずつですが、アポロガスもそうした会社に成長しつつあると感じています。

第5章

すべては「恩返しのエネルギー」から始まった

「元気エネルギーの供給」の原点

アメリカ留学で預かったご恩

恩返しのエネルギー――。

これが結局のところ、私が取り組んでいるさまざまなことの原動力なのだと感じます。いただいた恩をお返しししていく。

「元気エネルギーの供給」という発想も、「まわりの人を幸せにする」という価値観も、東日本大震災以降の福島の復興に向けた活動も、アポロガスの新人研修も、すべて突き詰めれば、私の中にあるこうした思いによるものなのだと感じます。

これまで人生でたくさんの恩をいただいてきましたが、その中で私が「恩返し」を強く意識したのは、21歳のときのアメリカでのある経験でした。

大学3年生から4年生になるとき、中学、高校と4年間続けた新聞配達のアルバイトと大学生になってからのさまざまなアルバイトで貯めた200万円で、大学を1年休学してアメリカに留学しました。

目的は、自家用飛行機のパイロットのライセンスを取得すること。それは私の小学校時代からの夢でした。

その取得までの道のりも非常に貴重な体験でしたが、それ以上に、このアメリカ滞在で、私のその後の人生において「原点」ともなる大きな体験をしました。

アメリカに来てすぐの頃のことです。私は突如、高熱を発症し、食事もままならないほどに衰弱状態に陥ってしまいました。しかし、そのとき、アメリカで頼れるような知り合いはいません。

どうしたいいのか途方に暮れているとき、ハッと、あるアメリカ人の若い青年の顔が頭に浮かびました。

アメリカに来る1カ月前に香港旅行をした際、帰りの飛行機で隣になった20代くらいの青年で、牧師の卵だと言っていました。そして、「アメリカに来るのなら、ぜひまた会いましょう」と連絡先を教えてくれました。

私は熱で朦朧としながらもそのことを思い出し、すがる思いで、その人に連絡をとることにしました。すると、その人は、たぶん師にあたる牧師さんと一緒に、なんと私を訪ねてきてくれたのです。そして、高熱で体が思うように動かない私をいろいろ助けてくれたのです。

これは私にとってとても驚きでした。

牧師の卵の青年とは飛行機の中でたった1回会っただけです。牧師さんに至っては初対面です。さらに私はアメリカ人でもなければ、キリスト教徒でもありません。言葉も肌の色も違います。そんな私を彼らは何の見返りも求めずに、私が回復するまで、ただただ世話をしてくれたのです。

私は大きな感謝を感じました。それと同時に強く感じたのは、私は彼らからいただいた**この恩は「預かり物」**だということです。

「預かり物」は返さなければいけません。

体が回復してから彼らに直接恩返しをするのは当然のこととして、さらに、彼らからいただいた恩を、社会全体にもせっせと返していこう――。

それを、自分に与えられた使命として行動していく人間になろう――。

この21歳のときのアメリカでの経験で、私はそう決心したのです。

恩返しの連鎖が続いていく

アポロガスがやっている「元気エネルギーの供給」事業の多くは、短期的には「投資」のわりになかなか「リターン」が見えてきません。そのため、世間の常識からすると「無駄なことをやっている」となるでしょう。

実際、経営者の方々から、「篠木さんは、費用対効果を考えているんですか?」と指摘されることもときどきあります。

ただ、長期的に見れば、この本でこれまで述べてきたように、費用対効果があると確信しています。

また、短期的に見ても、じつは私の中では「収支」のつじつまは合っていたりします。なぜなら、私にとってこれらは、「預かり物」をお返ししている、という感覚だからです。

つまり、アメリカでの経験を含め、これまでにいただいたたくさんの「ご恩」に対して、「元気エネルギーの供給」という形でお返ししている。その意味で「収支」のつじつまは合っているのです（ただ、これは私の中でのことであり、アポロガスの「収支」ではありませんが……）。

アポロガスの新人研修も、私の中ではじつは「恩返し」の部分が少なくありません。そうした若い人たちが、さらにその恩を次の世代へとお返ししていってくれて、「恩返しの連鎖」が続いていけばいい。最近は、そんな願いが強くなってきています。

40年前の恩返し

元気エネルギー供給企業として何ができるか

第1章で述べた通り、アポロガスにおいて「元気エネルギーの供給」という意識が鮮明になったのは東日本大震災以降でした。

このとき、私の頭の中につねにあったのは、「福島を元気に！」という思いでした。この巨大地震で、福島は地震による直接的な被害だけでなく、原発事故による放射能汚染にも見舞われました。

この頃のことを思い出すと、福島の街はどこも沈んでいました。原発から60㎞圏内の福島市内でも、安全の場所へ撤退する支店や営業所などもあり、経済活動も停滞し、街からは震災前の活気が失われていました。

だからこそ、震災直後、アポロガスは「元気に営業中です！」の看板を出し、休業することなく通常営業で、可能な限りガスや灯油等の販売を続けました。

こうした私たちの活動は、小さな「明かり」かもしれませんが、真っ暗になっている地域を少しでも照らすことができ、地域のみなさんをわずかでも元気づけられたらと思ったのです。


その後、1カ月、2カ月、3カ月と経つうちに、食料や日用品なども含めたライフラインは少しずつ回復していいました。震災直後は休業していた会社やお店なども、ひとつふたつと再開していきました。

しかし、福島の人たちの心は全体的にまだ沈んでいました。放射能の問題が解消されたわけではありません。県外への人の流出も続いていました。さらに、原発事故で全国的に福島のマイナスイメージも日増しに強くなっていました。

私はこの状態をなんとかしたいと考えました。

そうしたマイナスイメージを持たれている状態では、故郷に対しても、そして自分自身に対しても自信や誇りが失われていくばかりです。

福島で生れ育ち、福島を愛し、いまも福島で暮らす私には、それは耐えられません。愛する故郷のために、私はなんとしても、その悪循環を断ち切りたいと思ったのです。


では、そのために、「元気エネルギー供給企業」として何ができるか？

私の頭に浮かんだのは、福島の人たちを元気づけることと、さらに大変な状況の中にあっても前向きに生きる福島の人々の姿を全国に発信していくこと。それには、福島の復興をサポートするためのプロジェクトやイベントを行っていくのがいいだろう。

そうすることで、福島のマイナスイメージをプラスイメージに変えていけるのではないか。


私はそう考え、東日本大震災から3、4カ月経った頃から、県内外のさまざま方々に声をかけて、いろいろなプロジェクトやイベントを企画していきました。

新聞の全面広告にこめた思い

そのひとつが、福島民報という地元の新聞に掲載させてもらった**「40年前の恩返し」**という全面広告です。

アポロガスが創業したばかりのとき、福島民報のある駆け出しの記者が、「設立当初は、お金がかかる。必要であれば求人の告知とか営業やイベントの告知とか新聞記事として、私がどんどん書いて応援する！　いまは、広告にお金を使わないで大丈夫。ずっと先に、会社が大きくなって余裕ができたら、新聞に大きく全面広告でも出してもらえればいいから」と、初代社長だった私の父に言ってくれたそうです。

そこで、創業から40周年という節目に、その恩返しとして福島民報さんに全面広告を掲載していただくことを企画したのです。

この企画は、東日本大震災の以前から動いていました。折しもその駆け出しの記者さんは、なんとそのとき、福島民報の社長さん（当時）になられていて、その方には内緒でサプライズ企画として進めていました。

そこに東日本大震災が起こってしまったのですが、私としてはこの企画をやめるつもりはありませんでした。

そして、福島民報の当時の社長さんへの恩返しとともに、この広告に福島の人たちを応援するメッセージを添えることにしました。そうすることで、沈みがちな故郷を元気づけられたらと思ったからです。

広告は、震災から4カ月後の7月に掲載されました（7月はアポロガスの創業した月でもあります）。

県内の多くの方が見てくださったようで、新聞社にも「頑張っていこうと思いました」「励まされました」「涙が止まりませんでした」といった感想が数多く寄せられたとのことです。それを伺い、多少なりとも故郷の方々のお役に立てたとホッとしました。

の恩返し

拝啓　四十年前の駆け出し記者様へ

今から四十年前の昭和四十六年七月、福島市飯坂温泉の古い事務所に、四人の若手経営者が夢と熱い想いを胸に集まっていました。二年前、アポロ11号のアームストロング船長が人類の歴史上はじめて地球以外の天体・月に降り立っていました。　その「アポロ計画」から、無限の可能性への挑戦というチャレンジ精神をDNAとして社名に刻み、小規模のLPガス販売店が集まり規模の拡大と合理化のために四社が合併・協業して四十年前の今日、「飯坂アポロガス株式会社」が設立されました。

熱い心の駆け出し新聞記者のあなたは、言いました。

「設立当初は、お金が掛かる。必要であれば求人の告知とか営業やイベントの告知とか新聞記事として、私がどんどん書いて応援する！　今は、広告にお金を使わないで大丈夫。ず～っと先に、会社が大きくなって余裕ができたら、新聞に大きく全面広告でも出してもらえばいいから。」

あなたは、もう忘れているかもしれませんが、笑いながらあなたとアポロガスの初代社長は、四十年前に約束をしました。

まだまだ、簡単に全面広告を打てるような会社ではありませんし、また東日本大震災の影響で余裕があるわけもありませんが、四十年の節目の今日、あの約束を果たさせていただきます。あの時飯坂支局の熱い新聞記者だった、某地方新聞社のW社長、ありがとうございました。四十年かかりましたが、やっと恩返しが出来ます。

に元気エネルギーを

とを宣言します！

おかげさまで40周年
アポロガス

40年前

四十年が過ぎアポロガスも代替わりし、設立当初からいる人間は常勤としては一人もいなくなりました。

しかし、社名に刻まれたアポロの「チャレンジ精神」と、約束や愛情・思いやり・家族のきずなという「目に見えないものを大切にする心」は、アポロガスのDNAとして未来永劫これからも変えずに引き継いで行きます。

原発事故や政治の駆け引き等で、何が真実で、誰の話を信じたらいいのか分からなくなって来ている今日この頃です。本物か、本物ではないかの違いは、言葉だけなのかそれとも実際の行動をともなっているかの違いだと考えます。耳の痛い話ですがよく「子どもは、親の言ってる通りには成らず、親のやってる通りに成る。」と言われていますが、やはり言葉では何とでも言えますが、実際の行動が本物の条件だと考えます。

アポロガスグループは、地元ふくしまで生まれた会社としてこれからも、ふくしまにこだわり、ふくしまを愛し、ふくしま人として「本物の会社」を目指していきます。ふくしまにはほんとうの空が、ほんとうの山が、ほんとうの川があります。そして、「ほんとう空」の下、福島の子供たちが放射線を気にせず、心から安心して遊べる日が早く来るよう願って止みません。

平成二十三年七月一日

株式会社アポロガス　代表取締役　篠木雄司

私たちは福島の皆様
供給し続けるこ

さまざまな形で復興をサポート

そして、同じ頃に行ったのが、地元・飯坂温泉でのキャンドルイベントでした。企画した理由は、こうした華やかなイベントを行えばメディアも取り上げてくれる可能性があり、「飯坂温泉は現在、営業しています」と全国に向けて発信できると考えたからです。

ローソクメーカーのカメヤマさん（本社・大阪）が協力してくださり、このイベントは大成功。その後、ラッパーのＧＡＫＵ－ＭＣさんが加わってくださり、同じ年の11月には当時、震災の影響で閉鎖状態だった競馬場で、より規模を大きくして、**「ふくしまキャンドルナイト」**を開催することになりました。

会場には、２万個のキャンドルが並べられました。しかも、使われたキャンドルホルダーは、ＧＡＫＵ－ＭＣさんが全国各地をライブでまわった際に集めてくださった被災地へのメッセージ入りのもの。キャンドルの明かりに灯されたそれらのメッセージを読ませていただきながら、私自身、胸が熱くなったのを覚えています。

このイベントは、翌年の２０１２年からは**「アカリトライブ」**と改名。ＧＡＫＵ－ＭＣさんを中心に、音楽イベントとして沖縄も含めて全国的に行われるようになり、現在も続いています。もちろん、福島でも「ふくしまアカリトライブ」が毎年開催されており、２０１９年で９回目になります。ＧＡＫＵ－ＭＣさんが毎年福島を応援するために来てくれるほか、２０１７年からは３年連続でＧＬＡＹのＴＥＲＵさんが参加、２０１８年はレミオロメンの藤巻亮太さん、２０１９年にはＧＡＫＵさんとのユニット、ウカスカジーで、桜井和寿さん（ミスターチルドレン）が参加して、福島を応援してくださっています。アポロガスは現在、運営のお手伝いという形で関わらせていただいています。

また、震災のあった年の11月には、**『こころの幻燈会』という詩集も出版**しました。これは、「こころのあたたかさ」をテーマに、福島県内の方々から募集した詩や俳句を掲載した本です。

オールカラーで２００ページという贅沢なつくりになっています。全国の自衛隊や警察署、銀行や信用金庫に贈呈した他、一部は書店でも売っていただいています。ただ、その売上金は「アポロしあわせ基金」（福島の幼稚園や保育園に遊具などを贈る活動）での活動費用に使わせていただいているので、ほとんど利益はありません。

というより、最初から利益を出そうという思いはあまりありませんでした。それよりも、詩や俳句を書いてくださった福島の方々が喜んでくださり、読んでくださった方々が少しでも勇気づけられ、元気になってくだされればという思いで企画しました。また、これを配布することで、福島の方々の思いが全国の方々に伝わればという願いもありました。

ただ、あまりに採算度外視だったので、初代社長であった父から「こんなお金にならないことをやって」と怒られましたが……。

こんな具合に、福島の一企業として、つね日頃お世話になっている地域の方々を少しでも元気づけられればと、アポロガスでは、さまざまな復興をサポートするイベントやプロジェクトを行ってきました。

実際、私たちがやってきたことが、どこまでみなさんのお役に立てているのかは、正確にはわかりません。ただ、ときどき会社に届く感謝のお手紙などを拝読し、多少なりともみなさんに元気エネルギーを供給できているのではと思っています。

福島の復興はまだ道半ばです。私個人としても私の愛する故郷である福島が震災前のように、いえそれ以上に元気になれるまで、こうした活動を続けていくつもりです。

子どもたちが故郷への自信と誇りを取り戻すために

プラスイメージを持ってもらうことが大切

福島の復興に関連して、ここ数年、私がとくに力を入れているのが、福島の子どもたちが故郷への「自信」と「誇り」を取り戻してもらうための活動です。

これは、アポロガスというよりも、私が個人的に取り組んでいるといったほうがいいかもしれません。

きっかけとなったのが、福島の中学生の子どもたちをオーストラリアに派遣する事業をお手伝いしたときでのことです。

派遣する目的を話し合う議論の中で、「子どもたちに、福島の風評被害はどうすれば払拭できるかを考えてもらう」という案が出されたのですが、私はそれを聞いたとき、なんとなく違和感を覚えました。

「風評被害はどうすれば払拭できるか」を中学生に考えてもらうことは、非常に意義のあることだと思います。中学生にとっては故郷がいままさに直面している課題と真剣に向き合う機会になります。地域の大人にとっては、中学生たちのその瑞々しい感性によって、大人では思いつかない打開策を提案してもらえる可能性があります。

しかし、「風評被害の払拭を考える」というのは、結局のところ、マイナス50とか30くらいの状態を、マイナス10とか5に引き上げるという作業です。つまり、マイナスをゼロに近づけるための作業に留まってしまうのです。

なぜなら、「風評被害を払拭する」というのは、あくまで「ゼロ地点」にたどり着くことにすぎないからです。

考えることや行動することの楽しさは、ゼロ地点からその次の段階、さらに次の段階と、プラスの状態が積み上がっていくときに感じるのではないでしょうか。その意味で、マイナスをゼロに近づけるための作業には、ワクワクしたり、楽しかったりという部分は少ないのではないかと思います。

そしてそれ以上に私が懸念するのが、こうしたテーマを中学生に考えてもらうことで、「風評被害によって苦しむ故郷・福島」という、故郷に対するマイナスイメージを子どもたちの中にさらに刷り込んでしまうのではないか、ということです。これでは、故郷への愛着を育むどころか、故郷を避ける気持ちを強めてしまいかねません。

もちろん震災の記憶を風化させないことは非常に重要です。ただ、**未来のある子どもたちには、それこそマイナス30をプラス30にできるようなことを考えてもらいたい**と私は思います。そして、福島という故郷に対して「自信」と「誇り」を持ってもらいたいのです。

応援してもらったという記憶をつくる「わらしべプロジェクト」

そう思った私は、そのための行動をさっそく開始することにしました。

そのひとつが、**「わらしべプロジェクト」**です。

これは、日本各地に住む私の知り合いの方々から、それぞれの地元の特産品などを送っていただき、それを福島各地の幼稚園や保育園の園児たちに食べてもらう、というプロジェクトです。

しかし、ただそれだけでは意味がありません。子どもたちにそれらを手渡すとき、私は必ず「『福島の子どもたち、頑張れ』と言って、○○県の○○さんが送ってくださったんだよ」と言うようにしています。つまり、全国各地に、福島の子どもたちを応援してくる人たちがいるのだ、ということを伝えることにしているのです。

子どもたちはまだ小さいので、私がそういう話をしても、よくは理解していないかもしれません。ただ、おいしいものを食べた感動は記憶として残ります。成長して、ふとした瞬間に「あれ、おいしかった〜」という記憶とともに、「そういえば、あれは、福島の子どもたちを応援している人からの贈り物だったよな」ということも思い出してくれるかもしれません。

人間にとって、「応援してもらった」という記憶は非常に大切だと思います。自分自身を肯定できる気持ちにもつながるだろうし、それをきっかけに「それに応えて、自分も頑張ろう」といった励みにもなります。こうした自己肯定感がさらに強まれば、**「今度は自分が誰かを応援しよう」**という気持ちにもなるかもしれません。

先の長い話と言われればその通りなのですが、それでも私はそんな流れになっていくことを願いながら、この「わらしべプロジェクト」を続けています。

異例づくしの「平成の飛梅プロジェクト」

また、福島の若い世代を応援したいという気持ちで、高校時代の同級生たちと取り組んだのが、**「平成の飛梅プロジェクト」**です。

これは、私の母校である県立福島高校に、福岡県にある太宰府天満宮から梅を贈っていただき、福島高校の正門の近くに植樹する、というものです。

福島高校の校章は「梅」。そして、太宰府天満宮のご神木といえばこちらも「梅」です。さらに、その逸話となる「飛梅伝説」があります。

「飛梅伝説」というのは、太宰府に祀られている菅原道真公にまつわる物語です。
平安時代、政略によって太宰府への左遷が決まった道真公は、京都の家を去る際、庭の梅の木に次の別れの歌を詠みます。

東風吹かば 匂ひおこせよ 梅の花 あるじなしとて 春な忘れそ
（春がきて東風が吹く頃になったら、その風に乗って私のもとにその香りを届けておくれ。主の私がいなくなったとしても、春を忘れないでおくれよ）

その後、道真公は太宰府に到着します。すると、その梅の木は道真公を思い、京都から太宰府天に一晩のうちに飛んでいったというのです。

この伝説にあやかり、「**かつて平安の時代には、東（京都）から西（太宰府）に飛んだ梅の木が、平成の時代、今度は、西（太宰府）から東（福島）へと、福島の若い世代を応援するために飛んできてくれた**、となればいいな」と思い、このプロジェクトを「平成の飛梅プロジェクト」と命名させていただきました。

東日本大震災の際、福島高校は校舎が損壊し、さらに被災者の方々のための避難所としても使用されました。そのため、生徒たちは体育館や仮設の校舎で授業を受ける日々が続きました。そうした困難を乗り越えながら、真摯に勉学に励む生徒たちを励ましたい。そうした思いで、福島高校のＯＢたちとこのプロジェクトを立ち上げたのです。

ただ、実現には高いハードルがありました。

太宰府天満宮の梅の木はご神木のため、１０００年以上もの間、門外不出とされていて、譲ってもらうのは簡単ではありません。

なんとか贈っていただく方法はないものだろうか……。私たちは「どうなるかわからないけど、とにかくお話しだけでも聞いていただこう」と、太宰府天満宮に伺うことにしました。

事前にアポイントをとる形だと、最初から断られてしまう可能性があったので、アポなしで参拝という形で伺いました。そして、職員の方に宮司さん宛の手紙をお渡しするとともに、「平成の飛梅プロジェクト」の概要を説明させていただきました。

話しを聞いてくださった職員は「門外不出の神木なんで、厳しいと思います」とおっしゃりつつ、あるアドバイスをくださいました。「どなたか神社関係の人に相談してみて、そこから太宰府天満宮にお話を持ってきてくだされば、可能性はゼロではないかもしれませんよ」というのです。

私はさっそく福島に戻って神社関係の方に相談してみました。以前から大学のOB会でお世話になっていた先輩の福島稲荷神社の丹治正博宮司さんのところに相談にいったところ、丹治宮司さんは、太宰府天満宮の西高辻信良宮司さんとは学生時代からの知り合いだといいます。

これはすごい偶然です。いや運命的なものを感じました。丹治宮司さんにお願いして、太宰府天満宮の西高辻宮司さんに手紙を書いていただくことになりました。その熱い心をしたためた手紙が太宰府天満宮の西高辻宮司さんの心を動かし、それ以後、話がトントン拍子に進んでいきました。そして、2014年3月、ついに「平成の飛梅伝説」は実現したのです。折しもそれは、東日本大震災の年に入学した生徒たちが卒業を迎える年でした。

太宰府天満宮から贈っていただいた5本の梅の木は、太宰府天満宮での梅の木恵与祭の後、福島に送られ、卒業式の前日に植樹。植樹式には西高辻宮司さんもわざわざ出席していただき、生徒に講演をしていただきました。

残念ながら卒業式に梅の花を見ることはできませんでしたが、ひとつの枝からは小さな蕾が開きかけていました。

教科書にも掲載された!

このプロジェクトにはさらに続きがあります。

福島の子どもたちを応援してくださっている全国の方々の思いを、この「平成の飛梅伝説」の物語に託して、世代を超えて語り継いでいってもらえたらと思い、私たちは「教科書に載せる」ということを思いついたのです。

名付けて、**「平成の飛梅伝説・教科書化プロジェクト」**。

なぜ、教科書に載せようかと思ったのかというと、教科書に載っていたエピソードは、その教科書を使った人間にとってはその後の人生において、長く記憶されるからです。みなさんも、小学校や中学校のときに教科書で読んだ物語は、その後、何十年たっても覚えていたりしませんか。

そして、記憶に残るのであれば、プラスのイメージであってほしい。この「平成の飛梅伝説」は、福島の若い人たちを応援しようと、県内外のたくさんの大人たちが力を貸してくださいました。まさに人を励まし、前向きにしてくれる物語です。

福島の若い人たちにとっては、「自分たちを応援してくれる人たちがいた」というプラスの物語として、そして、福島以外の若い人たちには、人間の温かさに触れるプラスの物語として、長く記憶に残ってもらえればと思ったのです。

そして、方々に働きかけを続けた甲斐あって、２０１９年度以降に使用される全国の中学1年生の道徳の教科書に掲載していただくことができました（東京書籍）。

そこでは、日本が世界に誇れる「日本人のこころ」の象徴として、この「平成の飛梅伝説」が取り上げられています。

東日本大震災直後、被災した地域において暴動や略奪が起きず、多くの人々が秩序ある行動をとり続けたことを世界が称賛していました。

日本は世界的に見ても、昔から地震や津波、火山の噴火など、自然災害が多い国です。そして、そうした天災が多い国だからこそ、お互いが助け合い、お互いのことを思いやる国民性が育まれていったのでしょう。

私は、この「平成の飛梅伝説」の物語を通じて、現在、日本の多くの人が持っているであろう福島のマイナスイメージを、プラスイメージで上書きしていけたらと考えています。

それだけでなく、震災や原発事故はあったけど、それに屈することなく、故郷のさらなる発展のために頑張る福島の人々の姿を、日本中の人に伝えられたらとも思っています。

願わくば、「福島があるから、いまの日本は幸せなんだ」という社会が実現できたら……。そうなったとき、福島の子どもたちは（もちろん大人も）本当の意味で、「故郷に対する『自信』と『誇り』」を取り戻せるのだと私は考えています。

そして、そうした信念のもと、私はこれからも活動し続けるつもりです。

地域を元気にする人財を育てる

未来は明るいことを伝えたい

子どもたちに向けて、故郷への「自信」と「誇り」を取り戻してもらうための活動を続けていて、つくづく感じることがあります。

それは、**子どもたちに「未来は明るいんだよ」というメッセージを伝えることがいかに大切か**、ということです。

前項でも述べましたが、東日本大震災の後、原発事故や放射能によって、福島は暗いマイナスイメージで見られがちです。それは、この地で育つ子どもたちの心の中にも、自分たちの故郷のイメージとしてジワジワと植え付けられていることを強く感じます。

そして、そのことは、彼らから故郷への「自信」と「誇り」を奪うばかりか、明るい未来を思い描くことさえもできなくしてしまいかねません。

私が自社の「人づくり」において、究極の目標にしているのは、それぞれの人がその人生を終えるとき、「いろいろあったけど、生きてきてよかったな。幸せだったな」と思える人生を歩んでくれることです。

それは、自社の社員だけでなく、私の故郷である福島の子どもたちに対しても同じです。彼らに接するたびに、一生を通じてそうした人生を送ってもらいたいと強く感じます。

そして、単にそう願っているだけでは、意味がありません。子どもたちが未来に対して希望が持てるように、大人の側から働きかける必要があります。

そこで、東日本大震災以降、依頼があれば、もしくはこちらからお願いして、積極的に幼稚園や保育園、小・中・高・大学で子どもたち、若い人たちを前にお話をさせていただいています。

その際、小学4年生以上の子どもの前であれば必ず行うのが、第3章で紹介した「人生の生き方の実験」です（136ページ参照）。この実験を通じて、前向きに生きることを続けている限り、君たちの人生はつねに明るくあり続けると伝えているのです。

「仕事って面白いよ」

ときには、このメッセージを伝えるために、若い人たちに力を貸してもらうこともあります。

たとえば、福島市の商工会議所主催で、市内の小学6年生に地元の会社で職場体験をしてもらうという企画があったときです。

その際、基調講演として、30分ほど、「働くって何？」をテーマで小学生の前でお話をさせていただくことになりました。

そのとき、私が伝えたのは、「働くって、楽しくてワクワクすることだよ」。

もちろん、実際、仕事はそんな楽しいことばかりではありません。しかし、自分の心の持ち方や仕事の仕方次第で、トータルで見れば仕事を楽しいものにしていくことができます（子どもたちに、そんな細かいところまでは伝えませんでしたが……）。

そして、最後に子どもたちに、こういう宿題を出しました。


「それぞれの職場に行って、そこでいろいろ教えてくれるお兄さんやお姉さんに、『アポロガスの社長さんから、働くって楽しくってワクワクすることだよって教えてもらったんですけど、それって本当ですか？』と聞いてみてください」


残念ながら、その宿題の結果は、私のところに届きませんでしたが、たぶん子どもたちから質問されたお兄さんやお姉さんの7割強は、「その通りだよ」と、プラスの話をしたのではないでしょうか（ちなみに、アポロガスでこの職場研修を担当した社員に聞いたところ、そう答えたそうです）。

なぜ、そう予測するのかというと、大人というのは、子どもたちに質問されるとたいていが立派なことを話すからです（だからこそ、私もこういう宿題を出せたのですが）。

そして、大人がそうしたプラスの回答をしてくれたら、私がこの宿題で意図した2

つのことが達成です。

ひとつが、子どもたちに、私を含めて複数の大人から「仕事は楽しい」というメッセージを伝えられることです。インプットというのは、回数が多いほどその人の中に強く定着しますから、子どもたちにより強く「仕事は楽しい」とインプットすることができます。

もうひとつの意図は、回答した大人たちに向けてのものです。

子どもにあらためて「仕事は楽しいですか？」と質問されることで、自分の仕事を振り返るいい機会になります。また、多少本音とズレていたとしても、「仕事って面白いよ」と声にして発することで、**「そうだよね。自分も初心に戻って頑張ろう」**と思う機会にもなるかもしれません。

その結果、後姿で子どもたちを引っ張っていくような存在になってくれたら、私としては願ったり叶ったりです。

10年先のリクルート活動

子どもを前に、こうした活動を行っていると、面白いことが起こります。

なんと、「アポロガスで働きたい」と言ってくれる小学生が現れるのです。こんなありがたい言葉を何度か聞くうちに私も味を占め、いまでは半分本気で**「10年先のリクルート活動」**なんて呼んでいます。

実際のところ、彼らが「アポロガスで働きたい」という思いを10年後も持ち続けてくれるかどうかはわかりません。ただ、私の話を聞いたのをきっかけに、**「福島の地元も捨てたもんじゃない。私も（僕も）、故郷を元気するために働こう」**と思ってくれるようになれば、私としてもうれしいかぎりです。

福島を元気にしたい。

私の活動が、そんな人たちが育っていく「種まき」になっていればいい。そんなことを願いながら、今日も私は元気エネルギーを供給する仕事を続けています。

【推薦の言葉】

企業とは「社会的公器」であるとともに、人生最後の最も長い「学校」である。
そのことを最も実践してくれている会社が、アポロガスである。同社の研修、
とりわけ新入社員研修は、その量・質とも日本一であろう。

法政大学大学院元教授（人を大切にする経営学会会長）**坂本光司**

著者紹介

篠木雄司（しのぎ・ゆうじ）

株式会社アポロガス会長兼元気エネルギー供給本部長。

生き方のインフラ教育研究所所長。福島市教育委員。

昭和37年5月生まれ。県立福島高校、慶應義塾大学商学部卒業後、東邦銀行入社。平支店、国際部、NewYork-trainee、相馬支店勤務等を経て、平成5年に、アポロガスへ入社。平成19年、代表取締役社長に就任。令和元年5月、アポロガス会長に就任と同時に人生のすべてに通じる生きる姿勢と折れない翼を伝える目的で、生き方のインフラ教育研究所所長に就任。中学・高校時代の新聞配達で貯めたお金で、大学時代アメリカに一年間留学。コロラドのロッキー山脈麓の町でパイロットライセンスを取得した経歴を持つ。

アポロガスは、平成25年に経済産業省「おもてなし経営企業選」、平成26年に中小企業庁「がんばる中小企業300社」に選ばれるなど表彰多数。社員の教育・育成ならびに社会貢献活動において高い評価を得ており、「日本一の元気エネルギー供給企業」を目指して活動をしている。

世界最先端《せかいさいせんたん》の社員教育《しゃいんきょういく》　〈検印省略〉

2019年　8月　11日　第1版　第1刷発行
2019年　12月　27日　第2版　第1刷発行

著　者——篠木 雄司（しのぎ・ゆうじ）
発行者——佐藤 和夫

発行所——株式会社あさ出版
〒171-0022 東京都豊島区南池袋 2-9-9 第一池袋ホワイトビル 6F
電　話　03 (3983) 3225（販売）
　　　　03 (3983) 3227（編集）
F A X　03 (3983) 3226
U R L　http://www.asa21.com/
E-mail　info@asa21.com
振　替　00160-1-720619
印刷・製本（株）シナノ

facebook　http://www.facebook.com/asapublishing
twitter　http://twitter.com/asapublishing

ISBN978-4-86667-115-4 C2034

アポロガスの取り組みを紹介!

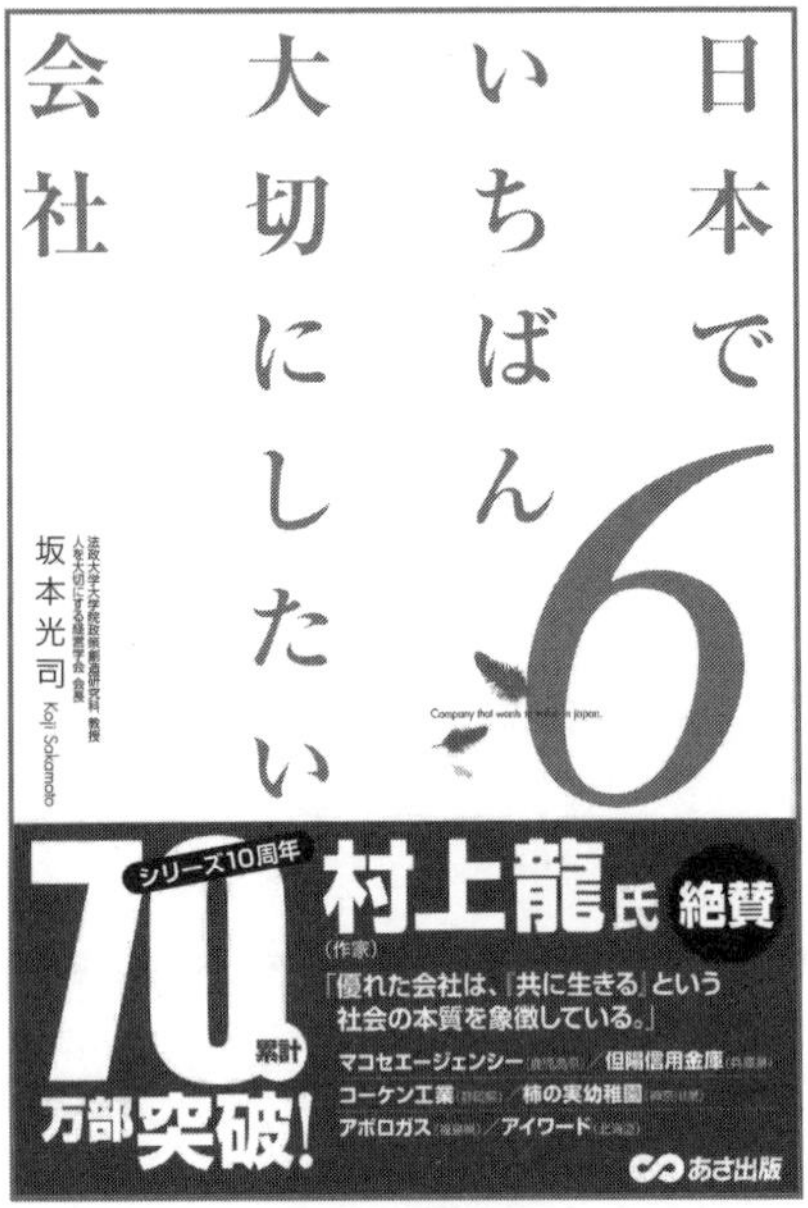

**日本でいちばん
大切にしたい会社6**

坂本光司著

本体1400円＋税